これからの
保育
シリーズ
14

JN120635

生きづらさを抱えた子の 本当の 発達支援

認知を育むあそび編

全頁
イラスト
図解

成沢真介

風鳴舎

（本書について）
　子どもの発達にとって大切なことや誤解されがちな子どもたちの生きづらさとは何か項目ごとに考えます。子どもの行動には理由があり大人がそれをどう受け止め解釈するかが問われます。背景にあるものに目を向け「そういうことだったのか」とわかった時、子どもとつながるきっかけが生まれます。子どもと大人は相互に関わり合いながら育つ関係です。生きづらさを抱えながらも毎日を一緒に過ごす中でお互いが成長するための一冊です。
　本書は「これからの保育シリーズ」の一冊ですが、小学校から思春期までの継続した子どもの育ちの内容を含んでいます。

（生きづらさの内容）
　できて当たり前と思われるような動きができにくい子、わざとやっているのではないのに怒られてしまう子、言葉にすることができずに行動に現れる子など、見えている行動の裏側にある"生きづらさ"について考えました。「できて当たり前」と思えることも実は様々な力や要因が重なり合って成り立っています。子どもの行動を観る時の参考として、また「障がい」と診断されてはいませんが、何となく気になる子に接する時にもお役立てください。

はじめに

　本書を手にとっていただき、ありがとうございます。前作「コミュニケーションと自己コントロール編」が氷山の見えている氷の部分だとすると、今回は水中の部分になります。近くにいても心の目を向けなければ見えないものがあります。活動の基礎となる背景は見えにくく「できて当たり前」と思われがちです。しかし、生きづらさを抱えた子は当たり前と思われるところで困っていることがあります。わからなくて困ることはあっても、わかりすぎて困ることはありません。生きづらさを抱えた子に合わせた環境や関わり方はすべての子にとって優しい環境になるでしょう。

　どんな事にも終わりはありますが、問題に取り組む姿勢が解決の質を決めます。その一助として本書が行動やしぐさなどの背景にあるものを知る手がかりになれば幸いです。

　1章では、生物に共通する土台から子どもを観る視点、2章では感覚刺激の中で生きる視点、3章では学習の基礎となる「見る、聞く」の視点、4章では具体的な行動へのアプローチ、5章ではしぐさの背景、6章では子どもに接する大人についての内容になっています。全体を貫くテーマは発達やあそびです。

　人と人の関わりは言葉で表現できない何かを共有したという実感、つながっている実感が大切です。文章はそこにいない人との対話を可能にしますが、言葉は風や波のようなもの、移ろいながら読者の皆様方の中で少しでも何かが引っかかり共有できれば幸いです。前回に引き続き、河童先生がそのお供をさせていただきます。

成沢真介

目次

第 **3** 章 　わかって育つ
　　　〜「見る・聞く・わかる・楽しそう」が学びをつくる〜 　079

第4章　スムーズな動きが苦手な子へのアプローチ　　095

第6章 「子ども力」と向き合う
〜神さまからもらった仕事をする子どもたち〜

内なる自然に目を向ける
～生物は自然のプログラムにより成長する～

1-1 重力の中でシンプルに生きる

■ 自分の重さが大きくのしかかる

生物は大きくのしかかる重力を身体で支えながら生きています。家も人も傾かないためには基礎が重要で、腰から下がしっかりしている必要があります。日本には「腰を据える」「腰を入れる」「腰抜け」「へっぴり腰」「逃げ腰」「弱腰」等、腰に関する言葉が沢山あり腰の重要さを物語っています。「立つ」「歩く」「座る」は重力の中で生活する術であり、その国の文化と関係します。

■ シンプルに希望をもって生きる

言葉はいくらでも嘘をつけますが身体は嘘をつきません。安っぽい言葉をかけられるより、そっと背中に手を当てられる方が何かが伝わります。私はこの「何か」が好きです。入院すると規則正しい生活になるし、気温や食事も管理され安定しているのに何となくぼんやりします。治療によって病気が治っても生きる気力が失われていくような気がします。人間の身体や心はまだ自然の中にいて人工的な環境と合わないのでしょう。言語に偏り過ぎた現代はもっと身体の共鳴を大切にするべきです。一緒にあそんだり、食事したり、運動をしたり、音楽を聴いたり…子どもは自然に近く生物として大切なことを忘れていないので注射や怪我に泣き、正直に笑って生きています。学生の時は成績、社会に出たら地位やお金に希望を見出すのではなく、心の中に自然を宿してシンプルに生きましょう。一つの命に一つずつ与えられた身体に支えられてすべての生物は重力空間という環境に適応しながら生きています。

■ カニを食べる時、無口になる理由～なぜ人間は直立したのか～

「渚原人説」というひとつの説です。海辺に棲んでいたサルが外敵から身を守るため海に逃げ込んでいました。水中では浮力が働くので立ちやすく、体毛は必要なくなり、呼吸のため出していた顔（頭）にはそのまま頭髪が残りました。俊敏な魚を捕らえるのは難しいためカニやエビ、貝などを捕食していました。カニを食べる時に無口で原始的になるのはそのためかも知れません（野村潤一郎「サルが食いかけでエサを捨てる理由」筑摩書房）。

人生は自分ではどうにもならない必然によって始まり終わります。
一つの命に一つずつ与えられた身体に支えられています。

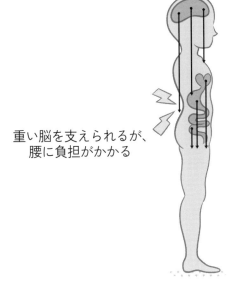

重い脳を支えられるが、
腰に負担がかかる

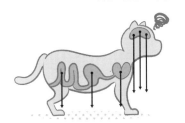

腰への負担も小さいが、
頭は重たくすることができない

Point

● あなたを支える身体に「ありがとう」を言いましょう。

1-2 「食べる・呼吸する・感じる」 ～身体の中に「入る・処理する・出す」～

■ 食べる・呼吸する

　食物を食べて、消化・吸収し、排泄します。空気も吸って体内を循環し二酸化炭素として出します。それぞれに担当する器官があり、どちらも「①入る」→「②何かする」→「③出す」という行程です。

■ 感じる

　さまざまな感覚刺激も「①入る」→「②情報処理」→「③動く・話すなど」という行程で、それぞれに器官の役割があります。例えば、聴覚なら以下のようになります。音は空気の振動によって伝わるため水中など真空の状態では伝わりません。
① （空気の振動を感じる）　→　鼓膜・耳小骨
② （振動を電気信号に変えて脳に伝え音として感知）　→　蝸牛・聴覚野
③ （動く・話すなど）　→　身体や口
　その他にも沢山の感覚があり2章以降で詳しく見ていきます。生きづらさを抱える子の中には、感覚が「①入る」ところが上手くいかない

子や「②情報処理」が上手くいかない子、「③出す（動く・話す・調整するなど）」が上手くいかない子がいます。

■ ボディ・イメージ

　自分の身体の実感や感じ方のようなものです。これがしっかりしているかいないかが、感覚刺激の受け止め方（入力）に関係します。姿勢やバランス、動かし方やスピード、タイミング、見え方や位置関係、聞こえ方、注意の集中や意欲、図と地の弁別など身のこなしの多くの感覚情報処理に影響します。

■ いろいろな感覚刺激は脳の栄養

　世の中は感覚刺激にあふれており、子どもはその刺激を取り込んで処理しながら成長します。わかることやできることが次第に増えていくのは感覚情報を上手く取り込んで交通整理しているからです。脳には物理的な栄養（酸素やアミノ酸、ブドウ糖など）の他に感覚刺激という栄養が必要です。

いろいろな感覚刺激を受け止める基にあるのがボディ・イメージです。

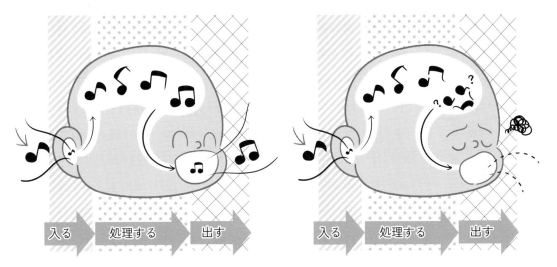

生きづらさを抱える子の中には工程のどこかでつまづく子がいます

Point

● 「身のこなし」はボディ・イメージが支えています。

「がんばって食べる」生物はいない

「食べる、出す、寝る」が快調だから活動できる

「食べる」「出す」「寝る」は自律神経と深く関わるため不安やストレス、安心感などが影響します。「一緒に食べる」のは大切な場面で、うんちが毎日きちんと出るのは不要な物を外に出す力がある証です。寝不足になると夜に働く腸の運動量が減り、代謝のバランスが崩れて太ったり抵抗力が弱くなったりします。眠るのは脳の疲労を回復させ記憶の整理、定着をすると言われます。呼吸に加えてこの3つはとても大切で、これができていないと活動どころではありません。

「食」を一緒に楽しむのが人間 〜他の生物よりも味蕾が多い〜

味覚を感じる味蕾は子どもの方が多く味を強く感じます。生命維持に必要な甘味や旨味、塩味を好むのに対して、毒のセンサーである苦みや腐敗のセンサーである酸味を嫌います。大人になると子どもの頃には食べられなかったピーマンが食べられるようになるなど食の範囲は広がります。食べることは栄養を摂取するだけでなく、人との関わりを通して心にも栄養を与える行為です。「野菜を食べないとプリンは食べられません」などと食べている時に横でいろいろ言われるのは嫌なもの。「キリンぐみさんはお姉さんだから食べてみようか」など、子どもが納得して食べようという気持ちになるような柔らかい言い方を工夫しましょう。こだわりや味覚、嗅覚、触覚などの過敏があり偏食のある子もいます。

「オシッコしたい」と「がまんして」のせめぎ合いが小さな身体で起きている

2歳後半頃からは膀胱に尿がたまったことを感じる生理的な感受性が高まり、自分でしたいという気持ちも育ってきます。本人に任せるしかないので安心感を育てトイレですることを優しく教えましょう。いつかはできるようになると信じて待つこと、焦らないことです。寝る前の水分量を調節して「起こさない」「焦らない」「怒らない」「ほめる」「比べない」ことに気をつけましょう。よくあることなので深刻になり

すぎず、子どもの自尊心や自己肯定感を下げないようにしましょう。

「食べる、出す、寝る」は「させられる」ものではありません。

Point

● 安心感を与えストレスを少なくすればすべてうまくいきます。

人であるとはどのようなことか
～すべての個体はそれぞれに完全です～

■自分が把握できる世界で生きる

イヌは私たちのように視覚的な情報よりも嗅覚や聴覚の情報で世界を把握して生きています。他にも紫外線が見えるミツバチやチョウ、赤外線を感知するヘビ、超音波で対象物の情報を把握するコウモリやイルカ等々、それぞれの生物が自分たちの感覚や身体で世界を認知しています。

■角が1本の牛も「完全」な個体です～偏見にとらわれている自分を自覚する～

日本人は虹を見て7色だと言いますが、ある民族では3色だと認識しています。視覚障がいのある人は目よりも手指や白杖などの入力器官を使って環境を把握します。発達障がいのある人の中には見え方や聞こえ方、感じ方などが独特の場合があります。「自分の把握している世界がすべてだと思うのは自分だけだ」という自覚が大切です。それが他者理解のスタートだからです。牛を見た時に角が2本あれば一般的な概念と一致するので私たちは「完全」だと思い

ますが、そうではありません。すべての個体はそれぞれに「完全」であり、角が1本でも「1本の角をもつ完全な牛」なのです。その牛を見て不完全だと思うのは「こうあるべき」という偏見にとらわれているからです。不完全なものの代表である「死」を恐れるのは「こうあるべき」という偏見を差し挟む余地がないからです。それほど人は、ほとんどのものに対して疑うことなく当たり前に偏見をもっています。

■インクルーシブ教育としての「壊れたおもちゃ」

玩具が壊れていても子どもはそれなりにあそびます。ごっこあそびでは大人が想像もできないような使い方をするでしょう。「壊れている」という感覚ではなく「そういうもの」としてあそぶからです。いろいろな玩具があって良いように、いろいろな友だちがいて良いのです。「障がい」という言葉に「困った子」「劣った子」「かわいそうな子」という感覚を大人がもっていれば、それが子どもにも伝わります。「壊れたおもちゃ」は大人に自分が偏見の囚人であることを突きつけます。

子どもに変わることを求めるのではなく
大人が変わろうとすることが大切です。

壊れていても
子どもにとっては"玩具"なんです

壊れてるから
直さなきゃ

Point

● 予測や仮説を一旦おいて、目前の子どもに合わせてみましょう。

ライオンと結婚しないのはなぜか ～認知の発達～

■ 人は認知する枠組をもっている

ライオンは「たてがみが立派で大きな四つ足動物」、ブドウは「紫のつぶつぶの房になった果物」など、私たちはすべての物事に対して認知する枠組をもっています。「ライオン」と「動物園」「子ども」「遠足」ならイメージに合いますが、「ライオン」と「人」「結婚」では合いません。どんなに魅力的なライオンでも人が結婚相手としないのは認知の枠組が合わないからです。同じイヌをみても経験により「可愛いい」と感じる子もいれば「怖い」と感じる子もいます。人によって認知の枠組は微妙に異なります。

■ 食べたものが栄養になる ～認知の枠組を豊かにする～

ライオンがシマウマを食べた時、シマウマはライオンの中に取り込まれます。認知も同じように同化して広がります。ブドウに対して「紫のつぶつぶの房になった果物」という概念をもっていた子どもが実際に食べてみたら「甘い」と感じました。その情報「甘い」が加わり「紫のつぶつぶの房になった甘い果物」となります。

マスカットが加わった場合も同様に「緑」の情報が付け加えられます。こうして認知の枠組が豊かになっていきます。

■ まちがっていたら修正して栄養にする～認知の枠組を調節する～

ライオンのメスにはたてがみがありませんから「たてがみが立派で大きな四つ足動物」では矛盾が生じます。その場合「たてがみの無いライオンもいる」という修正が加わり認知の枠組を調節します。

■ 「ふしぎ」や「おかしなこと」が認知の枠組を広げる

子どもが自発的に好奇心をもって思考し認知の枠組が豊かになるのは、矛盾やふしぎ、常識とのズレに出会った時です。認知が広がり、わかることが増えて自分が知っていることをイメージするようになります。ままごとの中で「お母さん、買い物に行ってきます」と言う時、そこにいるみんなが「お母さん」や「買い物」を大枠でイメージできるのであそびが成立しま

す。共通する認知の枠組を土台としてあそびな　　　　がら人との関係性を豊かにしていきます。

自分から摂取したものが心や身体の栄養になります。

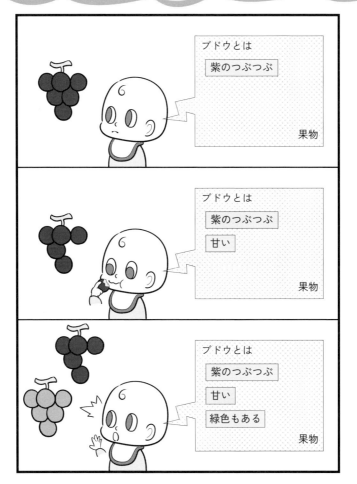

Point

● 子どもの「ふしぎ」や「おかしなこと」を大切にしましょう。

サルの社会とあそび
～「対等な関係」があそびの条件～

■ 子どもがブランコを好きなわけ

　樹上で暮らしていたサルはやがて平原に降りて人の祖先となりました。二足歩行になり、両手が空くことで道具を使用するようになりました。火や言葉など種全体にとっての画期的な発見や発明がなされ進化していきました。子どもがブランコや木登りなど揺れるあそびを好むのは、育ちに必要な感覚刺激であると同時に樹上生活をしていた頃の名残です。ボルダリングというスポーツも木のぼりに似ていますね。感覚刺激は脳の栄養剤であり発達に欠かせないものです。

■ サルも人の子も群れるわけ

　平原に降りた人の祖先は肉食獣などの外敵から身を守るために群れて生活しました。妊娠したメスを保護するために定住し、オスがとってきた食料を分配して共同の子育てが行われるようになりました。貯蔵できる食料としての肉食が始まり、分配の単位として家族ができたと言われます。指の数から10進法は来ていますが、2人、3人、4人、6人など分配に便利な割り切れる数の12が1ダースの単位となりました。種の安定には集団が必要で、その中で生きるために社会性が不可欠になりました。サルは仲間とあそぶことによって社会性を身につけます。子ザルは生後5、6ヶ月くらいから取っ組み合って転がる、追っかけ合う、軽く咬むなどしてあそび、群れでの生活に欠かせない拮抗関係を調整する力を学びます。優劣関係の明確な大人のサル社会ではあそびが消失します。あそびが成立する条件は「対等な関係」なのです。

■ とことんあそぶ力が大切

　赤ちゃんは自分のしたことに対して周囲からどんな反応があるか確かめながら認識を深めます。大人は赤ちゃんが笑えば「よしよし」と言い、何かに手を伸ばしたら「これはバナナ、ほしいの？」と言って手に持たせてやります。働きかけに対して誠実にきちんと答えることで成長します。そうした大人とのやりとりを基盤にして子ども同士のあそびに発展します。あそびは達成感や自尊心を満たし、他者と上手くやりとりする力や自己コントロール力の他、実行機能や問題解決能力などの育ちにも関係します。

あそびが成立するのは「対等な関係」 生きる力につながる活動です。

Point

- サルも人の子も群れて仲間とあそぶことが大切です。

安心感という生きるための武器

なぜ赤ちゃんは抱っこされ揺らされると泣きやむのか

　自然界で母親が赤ちゃんと一緒に外敵から避難する時、赤ちゃんはおとなしくなることで母親を助け、結果として自分も危険から逃れやすくなります。母子ともに危険回避するため揺らされるとおとなしくなるのです。安心感が自分も母親も救います。

身近な大人との信頼関係が大切です

　将来「どこかに行き（行かなくても）、何かをして、帰る」という生活の中で自分の役割を果たすことが自立の基本です。そこでは他人と上手くやりとりする、気持ちをコントロールするなど関係性を維持する力が必要です。大切にされた人は自分を大切にできますし、他人にも親切にできます。逆に、怒られれば怒られるほど子どもの心は荒れます。評価ばかりされると心の深いところでの自信は育ちません。安心感が低い子どもは周囲の反応を気にして物事を決められない、不安、期待に応えようとしすぎる、いろいろなことに悩みがち、チャレンジすることが苦手、他者を信じられない、自分の内面をみせようとしないなど関係性を築くのが難しくなりがちです。人が育つ環境は、その人の良いところも悪いところも伸ばします。

安心感とは自分が受け入れてもらえているという実感

　安心感とは「ありのままで受け入れてもらえる」「期待に応えられなくても愛されている」と感じていることです。前向きにチャレンジし、新たな環境に立ち向かう原動力といえます。大人が安定した状態で関わると子どもは安心感を持つことができます。毎日の生活の中で湧き上がってくる不安や悲しみ、怒りなど、自分では対応できない感情から逃げ込める基地があることが大切です。安心感を育むのは「心をゆるす」関係性です。自分流に子どもと同じ目線で楽しみ、大人の手を引いてあそぼうとする子どもに学びましょう。子どもはあそびながら常に必要なことを学んでおり、自分に必要な栄養を自分で吸収する力があります。

自分が与えられたものしか人に与えることはできません。

Point

● 大人の関わり方ひとつで安心感は大きくも小さくもなります。

1-8 心の中に「多様性の森」をつくろう

■ ふしぎな出会い

　子どもは何もない空間に笑いかけたり、誰もいないところに話しかけたりすることがあります。大人は存在を知覚することができませんが、3～7歳の感受性の高い多くの子どもにこのような経験があります。幼児期における適応行動、見立てあそびのひとつ、寂しい時に空想の友だちをつくるなど様々な見解があります。子どもにしか見えない物、感じることができない物があるのかもしれません。

　見えないはずの物が見えるということは大人にもあります。生命の危機に瀕したとき、ある存在が自分を助けてくれたという体験をする人がいます。

■ 音を聞いて色を感じる

　数字を見て色を感じたり、音を聞いて色を感じたりする人がいます。視覚と触覚の例を挙げると、近くで傘の先を向けられると嫌な感じがしますが触れているわけではありません。ある感覚刺激に対して異なる感覚を生じる現象を共感覚と言います。

■ 脳の中にいる専門家たち

　高校の教科の中で物理が得意な人がいれば生物が得意な人もいます。脳の中はすべての問題を解くための仕組みがあるのではなく、それぞれの課題を専門に解く仕組み（モジュール）があると言われます。その中には生存に関わる重要な問題を解決するための仕組みも備わっています。多様性が生命維持に関係しています。

■ 多様性は豊かさの指標

　野鳥の世界には似たような鳥がたくさんいます。ヤマガラ、ヒガラ、ジョウビタキ……ある特定の種に病原菌が蔓延した場合、1種類だとその鳥を捕食している猛禽類など他の生物も食べる物がなくなり絶滅の危機に瀕します。これを回避するために多様な生物が存在していると言われます。人間も同じようにいろいろな人がいる集団は豊かな集団です。様々な民族や国籍の人、障がい者、LGBTなど、多様性をどこまで認めるかが豊かさの指標であり、種が強くなるための条件です。いろいろな友だちや集団の中であそぶ子ども達は、多様性の中で豊か

な心を育てます。

多様性をどこまで認めるかが、その集団の豊かさの指標です。

Point

● 多様性を阻むのは「あたりまえ」と思っている偏見です。

首がすわり寝返りまで のあそび
0〜6か月頃

見る

舐める 　 噛む

握る

赤ちゃんのサインを見逃さずに受け止めて応答しましょう

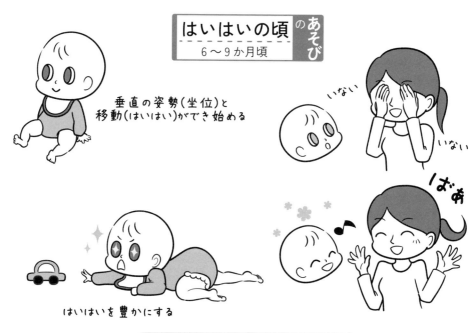

はいはいの頃 のあそび
6〜9か月頃

垂直の姿勢（坐位）と
移動（はいはい）ができ始める

いない

いない

ばあ

はいはいを豊かにする

人間的な働きかけを大切に
テレビや動画の見せ方に注意しましょう

つかまり立ち・つたい歩きの頃のあそび
10〜12か月頃

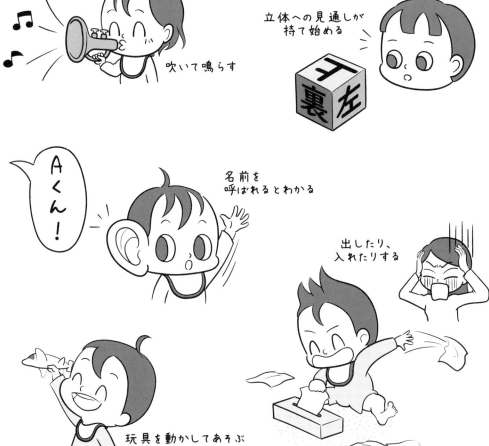

吹いて鳴らす

立体への見通しが
持て始める

名前を
呼ばれるとわかる

出したり、
入れたりする

玩具を動かしてあそぶ

他には・・・
はいはいから坐位へ自由に変換できる、身体を使って遊ぶ など

積極的に散歩に出掛けて生き物や自然に親しみ、外界への関心を広げましょう

歩くようになってから の あそび
1〜2歳頃

登ったり
降りたりする
あそび

運ぶ

歩くことが楽しい

道具として使える

読み聞かせ

ふれあいあそび

くまさんが
いるね

見立てあそびは認知や言葉を育てます

尿が溜まったことの
感度が高まる

2つの関係性がわかる

つぎは・・・

ダメー!!

自己主張する

みーせーて

自分の物が
はっきりする

小 ↔ 大

比較がわかる

少 ↔ 多

お絵かき

質問が多くなる

大人のすることに
興味をもつ

他には···
挨拶ができる、見立てやごっこあそび、砂場あそび、粘土あそび など

できたことを喜んでもらえることがうれしく、成長につながります

ごっこあそびを始める頃 の **あそび**
3〜4歳頃

乗り物を漕げる

一人前だと
思っている

大人がすることに
興味をもつ

Good!

みんなの前で
褒められると
嬉しい

友達の存在が
大きくなる

～だけれど・・・する頃 のあそび
4～5歳頃

相対的な評価ができる

中

小　←　→　大

中間があることがわかる

きょうはプリンセスだからたべられますわ

マイナスをプラスに変えられる

年少者の面倒をみる感性が豊かになる

自分で絵本を読む

お出掛けをして
色々な体験をする

プラネタリウム、
映画館、
ピクニックなどが
楽しめそう

生き物に
ふれるあそび

いらっしゃいませ！

ごっこあそびの
充実

ポテトください

他には・・・
塗り絵や粘土、ハサミと紙などを使って作品を作る など

内面の世界が広がっていく「誇り高き」時期です
乱暴なこともしますが、成長の過程を認め受け入れましょう

集団でのあそびが楽しくなる頃
5〜6歳頃

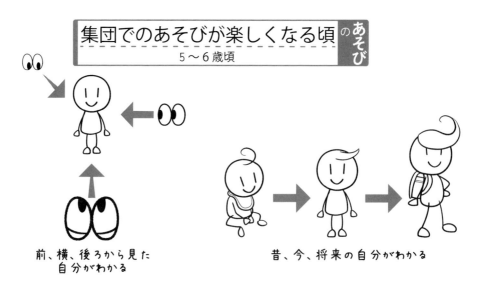

前、横、後ろから見た
自分がわかる

昔、今、将来の自分がわかる

3つの活動をまとめることができる → 客観的に見る視点の芽生え

どうして叩いちゃったの？

だって

Cちゃんがかってにとったんだもん！

問われたことに言葉で答え、
理由を言える

1ばんにできたもんね！

「1番」という言葉が気になる

創作あそびが
しっかりしてくる

変化があり、道筋をたどる遊びも
楽しめる

トランプや
すごろくなど

遊具も利用して
身体を動かすあそび

なわ飛び、タイヤ飛び、
平均台歩き、
跳び箱、スキップなど

集団のルールに
したがって遊べる

しっぽ取り、
椅子取りゲーム
など

役立っていることが実感できるお手伝いをしてもらいましょう

見通しを立てて
実行する力がついてくる

12	13	14	15	16	17	18
19	20	21	22	23	24	25

あとごにち

サンタさんのかぞくっていうのはどう？

役割をもって
共同制作ができる

じゃあわたしはサンタのママをつくるね

テーマやタイトルも考える

トナカイもかぞくにしようよ

よく考えて作る

季節の行事を楽しむ

もっとこっち

友達と協力しあいながら
一人ではできないようなことも
できることを喜ぶ

なかよしだね！

友達の中で世界が深まり
相手との関係性も深まる

道具を扱いながら
身体を動かす

逆上がり、回転、
竹馬、棒登り、
なわとび、
ボールをつきながら走るなど

ルールがあるゲームの中で
素早く動いたり
止まったりできる

だるまさんが転んだ、
氷鬼、サッカーなど

街の施設を利用できる

市立図書館

公共のルールも守れる

小学校に元気に通えるように楽しい面を伝えながら見守りましょう

自然とあそぼう

散歩は発見の宝箱

≪お気に入りスポット≫休憩したり、機嫌が悪くなった時に立ち直ったりできる場所

≪持っていると便利≫お茶、おやつ、抱っこ紐、ビニール袋

水あそび

≪汚れて良い服≫いつ泥あそびが始まっても良いように

≪水道を出しっぱなしが気になる≫本人と話して●秒など時間を決めましょう

生き物とあそぶ

≪生物はこちらに合わせてくれない≫相手に合わせることを学びます

≪生物は生きている≫「生きる」「死ぬ」ことを学びます

空や夜を感じる

≪ふしぎを感じる≫雲や星、昼や夜など、不思議なことを親子で話しましょう

≪五感で感じる≫空、風、におい、光、闇など身体で世界を感じましょう

第 2 章

感じて育つ
～刺激を受け入れて成長の糧とする～

あそびの発達
～楽しむ力が成長の原動力～

■ 身体で世界を知る

子どものあそびは「見る」「触る」「動かす」「叩く」など感覚あそびから、次第に目的をもったあそび、創造的なあそびへと発達していきます。「ラッパを吹いたら音が出た」から「音を出すためにラッパを吹く」という目的をもったあそびができるようになります。

■ 世界はふしぎであふれている

歩けるようになると世界が広がり「こうしてみよう」という意識が膨らみます。わかることが増えると、ここにはないものを別のもので見立てるあそびやごっこあそびに発展していきます。

■ 小さくなった殻を脱皮して大きくなる

自我が充実してくると「いやだ！」「じぶんで！」など意志がはっきりしてきます。お手伝いを頼まれると役に立つ自分を実感できて嬉しいのです。嫌だけど歯医者に行かなくてはいけない時、以前は泣いていただけでした。しかし「お姉ちゃんになったんだから行こう！」と思うのですが「やっぱり不安だからピカチュー（ぬいぐるみ）も一緒に来て」と言うのです。行ったり来たりしながら小さくなった殻を脱皮して大きくなります。

■ 創造するって楽しいね～大人のアドリブ力が試される～

これからどんな物を創ろうか、描こうか、自分の中で考えたことを表現できるようになります。創造するという点ではごっこあそびも同じです。絵本もワクワクしながら見るようになります。ごっこあそびは子どものアドリブ力の塊のようなものです。その時々において何を何に見立てるのか即時に判断してあそびは進行します。「そうだ！～しよう！」と思い「～ってことでいい？」と相手の了解を求めます（ルールの誕生）。一緒にあそぶ大人はその時々でどう反応するか試され「あなたらしさ」が露出します。自分が楽しめること、子どもと一緒にどこまで夢中になれるかが試されます。

子どもは、今、必要なあそびをしています。

見るあそび　　　　　　目的があるあそび　　　　　　創造するあそび

Point

● 子ども自身が自分に必要な感覚刺激（栄養）を知っています。

2-2 子どもの行動を「感覚」の視点から見る

■ 感覚刺激（入力・情報処理・出力）をうまく交通整理できない

あらゆるところに感覚刺激はあふれており、それぞれの受容器官から刺激を受け取り脳に送ります。スムーズな情報処理が瞬時に行われ日常生活を送ることができますが、感覚刺激を入力、処理して行動に移す行程のどこかがうまくいかない子がいます。

■ つまずきの例とその理由

《集団活動が苦手》 みんなと一緒にあそべない、落ち着きがなく気が散りやすい、乱暴に見える、かんしゃくをおこすなど。

（その理由の一部） 身体をスムーズに動かすことができにくく苦手意識をもったり、人と接するのが苦手だったりします。力の加減が難しく、聞くべきこと、見るべきところに意識を向けることができません。集団を避ける「〜できない」タイプと、集団の中で不適切な関わり方をする「〜しでかす」タイプに分かれます。

《行事への参加が苦手》 ざわざわした所が苦手、きちんと並んで立っていられない、じっと座っていられない、一人ではできるのにみんなの中ではできないなど。

（その理由の一部） ザワザワした所や特定の音が嫌だったり、バランス感覚や筋緊張が弱く（筋力ではなく筋肉の張りが伸びたゴムのような状態）姿勢の保持が難しかったりします。物や音に対する情報の取捨選択ができにくく不安になることもあります。

《造形活動が苦手》 粘土や絵の具、のりなどが手につくのを嫌がる、ハサミやテープなど細かい作業が苦手、色塗りではみ出すなど。

（その理由の一部） 触覚過敏のため特定の感触を嫌がります。空間認知や眼球運動、目と手の協応や巧緻性、図と地の弁別も苦手です。

《あそびや運動が苦手》 まねっこ、リトミック、お遊戯や体操、ジャンプやスキップがうまくできない、遊具を怖がるなど。

（その理由の一部） 手と足を両方動かす、音楽に合わせて動かすなど、一度に複数の情報処理を行うのが苦手です。動作のイメージをつくれず、身体をどう動かしたら今見ている動きができるのかわかりません。

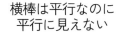

「あれ？」と思う行動の背景には必ず理由があります。

黒丸は同じ大きさなのに
同じに見えない

横棒は平行なのに
平行に見えない

無い三角形が見える

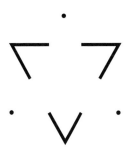

（視覚の「入力・情報処理」が上手くいかない例）

Point

● 運動を上手くコーディネートできない子がいます。

ボディ・イメージとは自分の身体の実感です

　しゃがんで机の下の物を拾う時や食器を持って食べる時、着替える時など、あらゆる場面で身体を意識することもなく自由自在に使っています。いろいろな感覚情報を各器官で入力しますが、その基になるのがボディ・イメージで次の3つの感覚が主に関係します。

①身体の軸の傾き具合（平衡感覚）
②手足の曲げ伸ばし具合や力加減（固有覚）
③身体のサイズや輪郭、位置や部位（触覚）

　よくぶつかる、着替えが苦手、ぎこちない、転びやすい、姿勢保持が苦手、縄跳びやマット運動が苦手などはこれらと関係します。

・動作イメージ（スピードやタイミング、力加減、手順など）をつくる力
・サイズや位置関係を見てとらえる力
・感覚情報を取捨選択する力（図と地の弁別）
・注意を集中、維持する力

　これらもボディ・イメージと関係します。未発達だと、うまく身体を動かすことができず苦手意識をもつ、見たものをしっかり捉えることができない、見るべきものを見ない、聞きとれない、落ち着きがないなど様々な状態像を呈します。

「感じる」ことを大切にするあそび

① （平衡感覚）：身体の傾きや姿勢を意識できるあそび。アスレチック、ジグザグ、後ろ歩きなど。
② （固有覚）：全身の各部位の動きが意識できるあそび。腕や足、首や肩、身体の曲げ伸ばし、力を入れて抜く緩急のあるあそびなど。
③ （触覚）：身体の輪郭を意識するあそび。普段はあまり意識しないような部分（腕の内側、足のすねなど）を手や筆、スポンジなどで触る、ブラインドウォークなど。

いつもはやらない姿勢や動きが身体を意識させる

　仰向けの四つばい姿勢で歩く、大人が支えて逆立ちをする、ツイスターゲーム、ターザンロープ、豚の丸焼きになって鉄棒にしがみつく、片足立ちなど、普段やらない姿勢や動きで身体を

意識させましょう。動きがパターン化すると感覚は刺激されにくくなるので変化をもたせることが大切です。

■固定の遊具や道具であそぶ

ジャングルジム、タイヤをまたぐ、すべり台（うつぶせなどいろいろな姿勢ですべる、ルールを決めて下から登る、必要ならロープ）、トンネルくぐり、並んでボールを上や下から後ろに送るなど。

○動きを感じたり、バランスをとったりしながら自分でやろうという気持ちで楽しむことが大切です。慣れてきたら組み合わせてサーキットにするのも楽しいです。

■大人と一緒にあそぶ～動作イメージや弁別する力をつくる～

大人にしがみついてあそぶ、まねっこあそび（いろいろな動物になる、大人と同じ格好をする）、図鑑などの中から言われた物を見つける、背中の絵を見ながらどこを触られたか指さして当てるゲームなど。

○まねっこは動作イメージをつくるあそびです。難しい子はやろうとしている気持ちを大切にして自由に動いて楽しむことから始めます。「緑のバッタはどこかな」など言われた物を見つけるのは図と地の弁別（聞くべきことを聞く、見るべき物を見る力）を育てます。

背中の絵を見ながら自分の背中と対応させるゲームは身体のイメージを育てます。

■お部屋であそぶ

バランスボール、ロールマットの上に乗って揺らす、台の上にマットを敷き斜面や段差を上り下りする、平均台など。

○低年齢の子ども向けのあそびです。平衡感覚や転んだ時に手が出るなどの動きを育てます。

■手を使ってあそぶ

積み木、お絵かき（写し絵、なぞり絵）、ビーズ（大小）やリングなどのひも通し（ひもの先をテープで固める）、ままごとや砂あそびなど。

○座って行う活動は就学後につながります。うまくできない場合は、することがわかっているか確認します。子どもの様子をよく見て、目と手の協応、手の動かし方（巧緻性）、注意の集中と維持などを確認しましょう。

■お手伝い

水やり、ごみ拾い、洗濯物たたみ、ぞうきんがけ、椅子や台などを運ぶ、配膳など。

○身体の動かし方や目と手の協応など身体的な効果の他に「ありがとう」と感謝されることで嬉しくなりやる気を育てます。

ボディ・イメージは車両感覚のようなものです。

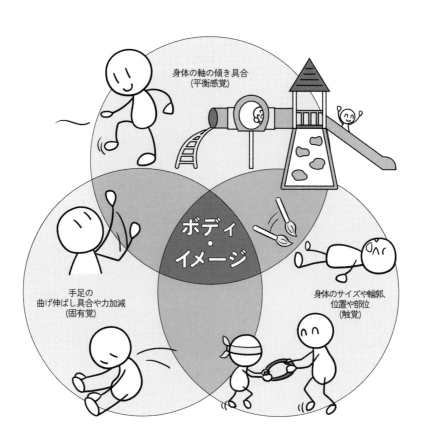

身体の軸の傾き具合
(平衡感覚)

ボディ・イメージ

手足の
曲げ伸ばし具合や力加減
(固有覚)

身体のサイズや輪郭、
位置や部位
(触覚)

Point

●いろいろな感覚が入る基になります。全身を使う外あそびをたくさんしましょう。

2-4 「あたりまえ」の行動を支える3つの感覚 〜平衡感覚・固有覚・触覚〜

■バランスを保つ平衡感覚

まっすぐに歩けるのは姿勢をコントロールする平衡感覚が機能しているからです。視覚や自律神経などと深く関係します。転びやすい、ゆれを怖がる、酔いやすい、などは平衡感覚が未発達だからです。小さい子は、姿勢の維持や調整ができるようになると身体の中心軸（正中線）ができます。3〜4歳頃には左右をうまく使いこなす機能（ラテラリティー）がはっきりして利き手ができます。はしを持つ反対の手がお茶わんを持つように、利き手ではない側の手が利き手をサポートする役割ができていればラテラリティーは完成です。

■筋肉や関節の動きを伝える固有覚（力の加減）

牛乳をこぼさずにつげるのは、牛乳パックの重さや傾きを腕の筋肉や関節が感じて脳に伝え調節しているからです。車がゆっくり発進し止まるようにスムーズな動きができるのはこの感覚のためです。人体の深いところで働いていてわかりにくい感覚なので深部感覚とも言われます。目を閉じて誰かに右手の指や腕をいろいろな形にしてもらいます。目を閉じたまま左手でも同じ形が作れるのは、関節の伸び具合や曲がり具合が固有覚によってわかるからです。

■計り知れない能力をもつ触覚

お腹が痛い時に手を当てると良くなるような気がします。これは「痛い」という感覚よりも「触られた」感覚が優先されるためです。痛みは心理状態が大きく関係すると言われます。さすりながら「いたいのいたいのとんでいけ！」と言うと子どもはホッとします。触られることで痛みから注意がそれるのです。手当と言う言葉がある通り触覚には癒しの効果があります。触られることで支えられている、励まされている、と感じるのです。手術など不安な時に看護師から手を握ってもらったり、さすってもらったりすると安心できるのも触感の効果です。子どもは抱っこや触れられることを好みますが、皮膚感覚は何かしらの真実を伝えます。お化け屋敷で抱きつく人がいるように「触る」という行為には不安やストレスを癒す効果もあります。

平衡感覚〜バランスを保つ・目が回る・乗り物に酔う〜

■ 身体の傾き→耳で感知

押されると「おっとっとっと」と転ばないようにするのは、身体の傾きを耳の奥で感じて垂直に保とうとするからです。不安定な場所でも姿勢を保ちバランスよく歩けるのは平衡感覚のおかげです。騒音や光は無視して眠れても立ったまま眠れないのは、平衡感覚が安全と直結した感覚だからです。

■ 身体の回転→目で感知

本を読む時に頭を左右に振っても読めますが、本の方を左右に動かすと非常に読みにくくなります。平衡感覚と目の動きが繋がっているからです。この回路により、ジッと見たり（注視）目で追ったり（追視）することができます。身体を回転させても目が回らない（眼球が左右にゆれる眼振が出ない）子は、平衡感覚と目の動きの回路が未発達なためジッと見たり、目で追ったりする力が育ちにくいのです。

■ 乗り物酔い→自律神経と関係

バスや船などの乗り物でずっと揺られている

と嘔吐や頭痛が起きることがあります。過大なストレスがかかるとフラフラして気分が悪くなることもあります。これは自律神経と平衡感覚が繋がっているからです。情緒や情動などの心理的機能と表裏一体なのです。

■ おっとっとの度合いの大きさ

ゆれる刺激の方向性で姿勢を保ちやすい順は、①上下　②前後　③左右　です。

上下のゆれが一番姿勢を保ちやすく、左右が姿勢を保ちにくい刺激です。例えば、トランポリン（上下のゆれ）は好きだけどブランコ（前後方向のゆれ）を嫌がる子は平衡感覚の交通整理がうまくいっていません。逆にブランコ（前後方向のゆれ）は好きだけどトランポリン（上下のゆれ）を嫌がるのは、不安定な立位でのゆれが怖く立っていることに不安があるためです。

■ 言葉ではないサインを読み取る

子どもの行動は関わり方のヒントをくれます。切り口をもって行動の背景を推測し、子どもの「今」を読み取ることが大切です。正中線は出来ているか、筋緊張や覚醒レベルはどうか、

動作イメージができているか、情報の取捨選択（図と地の弁別）ができているか、など、発達や感覚の交通整理という視点は重要な切り口となります。

■漁師は船酔いしない

ダンサーやフィギュアスケーターは激しい回転のあとでも目を回さないし、漁師も船酔いしません。平衡感覚は訓練効果のある感覚です。上下や前後、左右の動き、回転やゆれに加えて見るあそびが有効で「子どもが楽しんでいるか」という視点が大切です。

■平衡感覚を育てるあそび

○（立つ、歩く、ぶら下がるあそび）フローリングにテープを貼ってその上を歩くあそびは段差がないので安全で手軽に平衡感覚を養えます。腕を大きく振りましょう。大人が反対から歩いて出会ったところでジャンケンするのも楽しいです。その他、不安定な場所を歩く、片足で何秒立てるかゲーム、目標まで後ろ向きに歩く、缶ぽっくり、竹馬、うんていなども良いですね。

○（ゆれるあそび）毛布やハンモックの中に子どもが入り大人が両端を持ってゆらす、ターザンロープやタイヤチューブにしがみつく、大人が支えてラージボールでゆれるのも有効です。

○（上下を刺激するあそび）トランポリンは身体の中心軸をまっすぐにするので、姿勢が崩れやすい子、まっすぐに立てない子、マット運動が苦手な子などに有効です。トランポリンが怖い子は、スクーターボードにうつ伏せで乗り大人が引きます。立っている状態に比べて接地面が広いので安心できます。ゆれや慣れない姿勢を怖がる子に有効です。落ちないように注意しましょう。

すべり台も上下の感覚を刺激するあそびです。怖がる子には大人が子どもを抱えて支えスピードを調節しましょう。

○（前後を刺激するあそび）ブランコは姿勢が崩れやすい子や、落ち着きのない子に有効です。ゆれを怖がる子には大人が膝の上に抱っこして小さくゆれてみましょう。安定感の良いスクーターボードに座りロープをたぐりながら自分で進むのも良いですね。

○（回転するあそび）マットの上で寝転がりゴロゴロ転がる、でんぐり返り、目標に向かって走りタッチして（何かを貼る、取る）戻るゲーム、回る椅子などでゆっくり回りながら絵を見て何が描かれていたか当てるゲームなど、目で物を追うあそびと合わせると目の動きも育ちます。これはブランコやすべり台、トランポリンなどでも同様の効果が得られます。ボールをとるのが苦手、絵本を見るのが苦手な子などに有効です。

○（見るあそび）ボウリングやしっぽ取りゲーム、バケツでのボールキャッチ、的当て、サッカーなど動く物を使ったあそびは見る力、目で追う力を育てます。室内では、55ページのイラストのようなゲームもできます。

平衡感覚を育てる あそび

ゆれるあそび
ラージボールでゆらゆら♪
ポイントは少し空気を抜くこと。

※支えて
あげましょう

慣れてきたら
ジャンケンや
タンバリンにも挑戦！

上下を刺激するあそび
トランポリンは
姿勢の中心軸がまっすぐになります

Point

● トランポリンは身体の軸をまっすぐにします。

いろんな向きで
すべっちゃおう

上下を刺激するあそび

お膝の上で
がたたのタン！

前後を刺激するあそび

左右を刺激するあそび

ブランコは
姿勢が崩れやすい子、
落ち着きのない子に有効です

トランポリンを怖がる子には

スクーターボード

スクーターボードは接地面が広いので
ゆれや慣れない姿勢が苦手な子でも
安心してあそべます

自分の力で
ゴールするぞ！

Point

● ゆれは、上下→前後→左右の順に難しくなります。

平衡感覚を育てる あそび

椅子の上で
回ってみよう
(ゆっくりでOK)

何が描いて
あるかな?

目で物を追うあそびと組み合わせると
目の動きも育ちます。

ブランコや滑り台、トランポリンなど
でも同様の効果を得ることができます。

回転するあそび

ゴロ ゴロ

タッチ&ラン

でんぐり返り

Point

- 落ちつきなく動き回るのは平衡感覚の鈍麻による自己刺激行動かも
知れません。

的に
当たれ〜！

ボウリングやサッカー、
しっぽ取りゲームなど
動くものを使ったあそびは
見る力、目で追う力を育てます。

見るあそび

バケツを使って
ボールキャッチ！

左右がわかるようなったら・・・

うさぎ

①マスの中に絵を描きます
②同じものを子ども達にも渡します
③「上から〜番目、右から〜番目は何かな?」と質問をして答えてもらいましょう

できるようになったらマスの数を増やして難易度UP!

Point

● 回転は日常にはない感覚刺激なので子どもの様子をよく見ながらあそ
びましょう。

固有覚(力加減)〜「ていねい」がわからない〜

■ 急ブレーキ、急発進、急ハンドルの運転

　乗り心地の良い車の運転は、アクセルやブレーキをゆっくり踏んだり、おだやかにハンドルをきったりします。固有覚がうまく働かないと急ブレーキ、急発進、急ハンドルのようなぎこちない動きになってしまいます。

■ 身体がどのくらい動いているのかわからずに動かしている

　身体の動きがぎこちないのは、自分の筋肉や関節がどのくらい動いているのか把握できずに身体を動かしているからです。「丁寧に」「そっと」と言われても何が丁寧なのか、どうすれば「そっと」できるのかわからないのです。例えば、目を閉じて片手に1冊の本を乗せるとします。2冊、3冊と増やされたら感覚的にわかります。その感覚が固有覚ですが、未発達だと乗せられたことがわかりにくいのです。自分で自分の身体の動きが調節できないため、運動や遊具を嫌がる子もいます。

■ 乱暴で手加減ができないと見られてしまう

　筋肉や関節の動きを感知して自由自在に動かせないとスムーズな動きができません。文字や塗り絵がはみ出す、消しゴムで消すとノートが破れる、コップにジュースを注ぐとこぼしてしまう、服をたたまず袋に突っ込む、服を無理に着ようとして伸ばしてしまう、友だちから乱暴だと思われてしまう等々。物にも人にも丁寧に関われないと思われがちです。乱暴だとか親のしつけの問題にならないよう気をつけましょう。車いすや白杖と違って困っていることが見えないため周囲にわかりにくいので傷つけないよう注意が必要です。

■ あそぶ順序を工夫して緩急をつける

　100%全力で力を出した後にそーっと運ぶなど、あそぶ順序が大切です。力の入れ方や動きに緩急をつけることで力加減を意識しやすくなります。

①　重い物を引っ張る、持ち上げる、マットを

思い切り倒すなど、全力を出すさまざまな活動を通して自分の力の上限を知る。

② その後、そっと物を動かすような慎重さが必要になる活動に取り組むことで、細かい力の出し方がわかるようになっていきます。例えば次のようなあそびです。

○ （不安定な入れ物に玩具などを入れてこぼさないように引っ張るあそび）

○ （うちわやスプーンに玩具や玉を乗せて落ちないように運ぶあそび）

○ （けん玉）通常の物では難しいので、新聞紙を丸めたボールや松ぼっくりなどに紐をつけてプリンの容器に取り付けて作りましょう。

○ （アスレチックあそび）くぐる、登る、持つ、またぐなど、緩やかな動きを必要とするあそび。日常生活では体験できない動きは力加減だけでなく平衡感覚や触覚など様々な感覚に働きかけます。

■力加減を育てるあそび

○ （ストレッチあそび）大人が子どもの手や肘などを持ち、「ここまで曲がるね」などと確認しながらゆっくり曲げたり伸ばしたりしましょう。

○ （ゆっくり体操）スロー再生の音楽に合わせて身体を動かしましょう。

○ （ポーズのまねっこあそび）向き合って大人がする様々なポーズをよく見てまねっこ。

○ （中間のポーズでストップ）スクワットの途中の状態、腹筋、腕立て伏せなどの途中で止めて5秒間そのポーズをします。

○ （ジャンプ）「この線までジャンプ！」「この高さを越えてジャンプ！」「横向きでジャンプ！」などバリエーションを持たせましょう。

○ （ボールあそび）的を狙ってボールや物を投げるのは思い切り投げると入らないので力の調整が必要です。強弱をつけてボールを蹴る、投げる、転がすなどのあそびも良いですね。

○ （リズムあそび・ダンス）音楽に合わせて身体の動かし方を覚えましょう。

○ （コインつまみ）力のコントロールと手指をバラバラに動かす力が必要です。自動販売機を使う時は子どもにお金を投入させてあげてください。

○ （ごっこあそび・見立てあそび）様々なシーンで力加減をしようとする場面が現れます。
（お手伝い）

・配膳：力のコントロールやバランス感覚が必要です。最初は、おままごとの中でスタートしてみましょう。

・机ふき：適度な力加減で布巾を絞って、机に押し当てながら動かす必要があります。

・洗濯物：はずすのが上手になれば、洗濯バサミに洗濯物を付けることもお願いしてみましょう。力加減の練習につながります。

・クッキング：玉ねぎの皮を剥いたり、かきまぜたり、葉物をちぎったり、冷蔵庫から必要な野菜を取ってもらったり、力加減が必要となる活動がとても多く含まれています。

力加減を育てる あそび

基本

100%の力を出したあとにそーっと運ぶなど、あそぶ順序が大切。
力の入れ方や動きに緩急をつけることで力加減を意識しやすくなります。

最初にするあそび

重いものを引っ張る、持ち上げるなど、全力を出すさまざまな活動をする。
自分の力の上限を知ります。

このワンちゃん重い〜！

ボクは石でできてるワン

マットを倒せ〜！

二番目にするあそび

そっと物を動かすような慎重さが必要になる活動に取り組む。
細かい力の出し方がわかるようになっていきます。

そろり
そろり

慎重に・・・

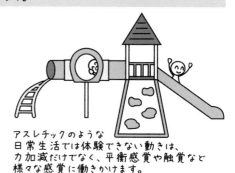

アスレチックのような
日常生活では体験できない動きは、
力加減だけでなく、平衡感覚や触覚など
様々な感覚に働きかけます。

Point

● ①全力を出す、②そーっと動かす、活動で力加減を意識させましょう。

ストレッチあそび

どこまで曲がるかな〜？

ジャンプ

「この線まで」「この高さまで」「横向きで」
などバリエーションを持たせるとgood◎

目指せ高得点！

ボールあそび

思い切り投げると入らないので
力の調整が養われるあそびです。

強弱をつけてボールを蹴る、
投げる、転がすなどの遊びも良いですね。

Point

● 力の加減ができず困っている子がいます。

力加減を育てる あそび

ギッタンバッコンあそび

押したり引いたりすることで固有覚を刺激します

ギッタン

バッコン

ギッタン

バッコン

Point

● いつもの活動をゆっくりやる、途中で止めてみるのも力加減を意識できます。

リズムあそび・
ダンス
身体の動かし方を覚えます

コイン移動ゲーム!

コインつまみ
力のコントロールと
手指をバラバラに動かす
力が必要です。

自動販売機は
僕にお任せ!

おままごと・お手伝い
力加減を育てる宝庫
最初はおままごとからスタートしよう

Point

● 豆腐を持ってお皿に置く、牛乳をつぐなど、お手伝いには力加減が必
要です。

裸の子どもはなぜはしゃぐのか？
～外界を知るセンサー皮膚～

■ほっぺたをつねって「夢じゃなかった」

視覚や聴覚は光や空気が情報を媒介するので「ヘビかと思ったらロープだった」など「見まちがい」や「聞きまちがい」がおこりやすいのですが、触覚は確かな存在を感じられます。子どもの頃、数を数える時に指を使ったのも実感としての数を感じるためです。

■つかむことのできない何かを感じる皮膚

身体のすぐ近くに傘の先が向けられると嫌な感じがします。直接触れていなくても空間を感じ取る力が皮膚にはあります。第6感といわれるものも皮膚に秘密があるのかも知れません。服を着ないで生活する人々の中には雨が降ることや、人、動物などが来ることを察知する場合があります。赤ちゃんも肌が触れあった状態で抱っこされていると泣かないといわれます。風呂上がりに裸の子どもがはしゃぐのも普段は下着や服が遮断している皮膚感覚の何かが解放されるからではないでしょうか。肌と肌が触れ合うのは私たちが思っている以上に重要です。

■私の知らない身体～身体感覚を研ぎ澄ませる～

2人ペアになり1人が限界まで前屈して起き上がります。もう1人が相手の肩に積もった雪を払うような仕草をします。再び前屈すると最初よりも深く前屈ができるようになっています。また、座って後ろから押してもらい限界まで前屈します。「息を吐いて」と言われて「フー」と吐くともう少し前屈ができます。いつの間にか肩が凝っていたことに気づくというような体験はよくあります。身体はいつも知らないうちに周囲からの刺激を受けています。成人の男性で畳1畳分（3kg）ほどある全身の皮膚から受け取っている周囲の感覚に意識を向けてみましょう。来ている服や下着の触感、座っている座面、風、日差し、など身体の輪郭を感じることが身体感覚には大切です。イカは脳の活動が皮膚の色に現れ睡眠中も皮膚の色が変わります。色の変化のパターンは人の脳波の形と似ていると言われます。皮膚と脳は密接につながっているのです。

あそびながら触れてわかる力を育てましょう。

触れる力を育てる あそび

部位あてゲーム
触られてる場所は・・・

Point
● 皮膚感覚を育てると外界をしっかり把握できます。

触る伝言ゲーム

背中に書かれたものを
前の人に伝えるゲーム。
チームで競争しても
盛り上がります。

ブラックボックスゲーム

皮膚をこする

色んな感じが
おもしろ〜い

キャハハ

美容院ごっこ

ママ美容院で
かわいくなるの

Point

● 触覚は嘘をつきません。「抱きしめる」という会話には真実があります。

サルが毛づくろいをするのはなぜか
〜スキンシップはコミュニケーション〜

■ ウマが赤ちゃんを産んですぐに舐めるのはなぜか

哺乳類が出産後に赤ちゃんを舐めるのは皮膚の表面の羊水などを払うのと同時に、全身をマッサージすることで刺激を与え呼吸器、循環器、神経系、免疫系、消化器、泌尿器などを正常に作動させるためといわれます。全身を舐められることで赤ちゃんは正常に呼吸し、消化、排泄ができるようになります。人間の赤ちゃんが受ける長い分娩中の蝕圧刺激は哺乳類の子舐めに相当すると言われます。

■ サルのグルーミング（毛づくろい）と人間のスキンシップ

ノミとりではなく、サル同士の親和関係に役立っています。霊長類でノミがつくのは人間だけです。河合雅雄氏によると、将来、自分の子どもを持ち、群れの中で上手くやっていく必要のある雌の方がグルーミングの割合は高く「触れる」ことがコミュニケーションの重要な要素になります。

人間には受け入れてもらいたいという根源的な欲求があります。十分にスキンシップができた子は甘えの欲求が満たされ自信につながります。不安になった時にも触られるとリラックスします。スキンシップが不足すると思春期になってキレやすく、幼少期に感覚刺激が不足していると成人後も感覚刺激に依存する傾向があるといわれます。ピアス、刺青、リストカットなどはその一端です。母親だけでなく父親のスキンシップも社会性という点でとても大切です。

■ 成長と共にスキンシップの質も変化する

スキンシップは年齢によって必要量が異なります。小さい頃にはしっかり触れあい、子どもがある程度大きくなったら頭や背中をなでる、肩をたたく、握手するなど変化をもたせましょう。言葉では伝わらないメッセージがスキンシップにはあります。言葉は人によって解釈が変わりますが、触れること、一緒にいることは言葉にはない力があります。人は嘘をつく時に口の周りや鼻を触ったり、口を相手に見えないように遮ろうとしたりします。触れ方にもその人の気持ちがそのまま現れるものです。皮膚感覚は本心を偽れません。

くすぐりあそびができるのは良好な関係ができている証拠

くすぐりあそびはコミュニケーションであり親密な関係が築かれている証拠です。くすぐる側もくすぐられる側も笑顔のはずです。うまくいっているのは良い関係ができているからですが、触覚防衛反応のある子については慎重に行いましょう。以下にその理由を説明します。

食べ物の「取り込み」と異物（外敵）を「排除」〜皮膚の原始系〜

ゾウリムシのような原始生物は皮膚で食べ物か異物かを判断します。食べ物であれば取り込み、異物（外敵）であれば排除します。「取り込み」か「排除」という働きが皮膚にはあり原始系といわれます。この原始系が暴走している状態が触覚防衛反応です。水あそびが止められない子やヌルヌルしたものを触るのが好きな子は「取り込み」の状態だと考えられます。目を閉じてヌルヌルしたものや毛のある柔らかいものが首筋に触れるなど危険を察知した時に驚いて避ける状態が「排除」です。

触って判別する力〜皮膚の識別系〜

ポケットの中に様々なものが入っていても車の鍵を手探りで取り出せます。目を閉じて紙コップを持ちジュースを入れられると皮膚感覚（固有覚も働いています）でわかります。触って判別する識別系が働いているからです。やさしく触られるより、一定の強さで触られる方が識別系は働きやすくなります。触られたのがわからない程やさしく触られると嫌な感じがするのは原始系が出やすくなるからです。

自分からは触るけど触られるのはイヤ〜原始系と識別系のバランスが悪い子〜

原始系と識別系がバランス良く機能せず原始系が暴走してしまっている（触覚防衛反応）状態の子は、のりや粘土などの触る物を嫌がる、帽子やマスク、下着や服など身につける物への拒否やこだわり、自分からは触る（手を繋ぐ）が相手から触られるのを嫌がる、歯磨きやシャワー、爪切りや散髪、洗面を嫌がるなどの状態像が現れます。

あそびで触れる力をつける

スマホの利用により指先の触力が向上しています。高齢者のリハビリで折り紙が採用されるのも、指を使うことによって脳を活性化させるからです。あそび感覚で触れる力を伸ばしましょう。嫌がったり、興奮しすぎたりする場合もあるので、子どもの様子をよく見ながら触ってわかる感覚を育てましょう。

触れる力を育てる あそび

きゃ〜

ハンバーガーあそび

砂あそび

ボールプール

スポンジや紙くずでもGood!

ビーズプール

Point

● 適度に抑えられると落ち着きます。段ボールなど囲われたものや、抱きしめられるのも同じ効果があります。

身体を使って
お絵描きだ！

えいっ

ボディペインティング

手だ〜

歯磨き

歯医者さんで〜す

選手交代で
歯磨きのイメージ作り

手を添えてあげると
気が紛れて楽になりますよ

Point

● くすぐりあそびができる関係になりましょう。

2-9 感じ方の鈍さが自己刺激行動をつくる ～感覚過敏と鈍麻～

■ 感覚の交通整理ができにくい状態像はいろいろ

歯医者で麻酔をされた時に麻痺した部分を舌で触るように、感覚刺激の不足分を自分で補おうとして自ら刺激を入れるのが自己刺激行動です。自己刺激行動は自分で刺激を入れるよりも他者に入れてもらった方が強く入るようです。感覚刺激を過敏に感じたり、感じなかったりすると次のような状態像になりがちです。

～平衡感覚～ ブランコなどのゆれる遊具が怖い、逆にブランコや回る遊具が大好きで離れようとしない、高いところや不安定なところを怖がる、ぐるぐる回る、跳びはねる、動いていないと落ち着かない、文字の読み飛ばしが多い、乗り物酔いをしやすい、姿勢の保持が苦手、板写が苦手など

～固有覚～ 力加減が難しい、よく物を落としたりこぼしたりする、細かな動きが雑になる、ぎこちない動きなど

～触覚～ 歯磨きや爪切り、散髪などを嫌がる、手をつなぐのが苦手、暑さや寒さを普通の人より感じる、暑さや寒さをあまり感じない、着る物にこだわる、偏食が多い、刺激がほしくて体を叩くなど

～聴覚～ 耳ふさぎ、教室などザワザワした所を嫌がる、突然の音や特定の音が怖い、電気の音などが聞こえる、刺激がほしくて耳を叩くなど

～視覚～ 蛍光灯や日光がまぶしく感じる、文字がハッキリ読めない、人と目を合わせられない、特定のモノを見続けるなど

～嗅覚～ 石鹸、香水などの匂いで気持ちが悪くなるなど

～味覚～ 特定の物が食べられない、いつも決まったものだけ食べるなど

■ 「がんばる」ではなく適切な感覚刺激

なれない姿勢やゆれをこわがる子に「がんばって」、姿勢が悪い子に「きちんとしなさい」、牛乳をこぼした子に「よく見て」、転んだら「気をつけて」…できない子にとっては悲しくなります。「がんばる」「繰り返す」「気持ちのたるみ」は間違い。配慮と適切な感覚刺激が必要です。

感覚刺激の不足分を自分で補おうとしています。

麻酔をすると触りたくなる
↓
自己刺激行動

感じ方の鈍さが
自己刺激行動をつくる

Point

● 識別系を育て原始系の暴走を抑えましょう。

子どもの行動を「脳の覚醒レベル」から見る

■ ボーッとしていれば活性化、ハイテンションなら沈静化

　目覚めてすぐに行動できる人、できない人、勉強しているとすぐに眠たくなる人、ならない人、いろいろなタイプの脳があります。覚醒レベルが高いタイプもあれば低いタイプもありますが、中間のタイプがリラックスと集中のバランスが良くパフォーマンスを発揮できるといわれます。脳を使う時間が長くなると疲れてくるため集中力が途切れやすくなります。覚醒レベルは睡眠時間や活動内容などにも影響されます。

■ 覚醒レベルが低い→不規則で強めの刺激・明るくなったら動き、夜は寝る

　何となく元気がない、ごろごろする、やる気が出ない、反応が鈍い、姿勢が崩れるなどは脳の覚醒レベルが低い可能性があります。無意識に覚醒レベルを上げようとして動き回る、椅子をガタガタする、鉛筆や爪を噛む、跳びはねるなどハイテンションに見える行動をとることもあります。覚醒レベルを上げる方法の一例です。

・強めで不規則な感覚刺激を与える。
・朝はカーテンを開け、太陽の光を浴びて脳に起きる時間であることを知らせる。深呼吸や軽い体操。片づけやお手伝いは朝から褒められて気分よく1日が始まります。
・園ではしっかりあそんで身体を動かし早寝早起きの習慣をつける。

■ 覚醒レベルが高い→ゆっくりした一定のリズムでの刺激

　力みすぎる、ハイテンション、いろいろなことが気になる、落ち着きがない、イライラするなどは脳の覚醒レベルが高い可能性があります。覚醒レベルを下げる方法の一例です。

・ハンモックなど、弱めの感覚刺激を一定のリズムで与える
・目を閉じて黙る時間をつくる
・毛布に包まれるなど一定の圧がかかる刺激
・雲や星空の観察、アクアリウム、スヌーズレン※
・波の音など、小さく一定のテンポの音を聴く
・好きなものやホッとできるもので気分転換

テンション高すぎ、低すぎは、脳の覚醒レベルに
関係するかもしれません。

<覚醒レベル別>
用意したい刺激

テンションが

低い子には → 強めで変化の大きな感覚刺激

高い子には → ゆっくりした一定のリズムの感覚刺激(弱めに)

※オランダ語で「ゆったりする・リラックスできる」という意味の造語。薄暗い環境の中にヒーリングミュージックがかすかに流れ、バブルチューブやクッション、ブラックライトによる蛍光グッズ、ガーラントなどによりリラックスできる空間。

Point

● 覚醒レベルが低いため、上げようとしてハイテンションになることもあります。

あったかい身体と心・眠りが脳の疲れをとる

冷えると白く固まる脂肪、同じことが体内でも起きています

身体には常に正しい状態を保とうとする力（ホメオスタシス）があり体温も一定に保たれています。異常が起こると様々な細胞が修復しようとして、毎日ガン細胞が発生しては消されています。身体を温めることで免疫システムを含めた自然治癒能力もあがります。病気の時に熱がでるのはウイルスを殺そうとする身体の防衛反応です。耳を折って痛いと感じるか？（痛いと冷えている）寝相が良いか？（良いと冷えている）などが冷えの目安と言われます。（川嶋朗「心もからだも『冷え』が万病のもと」集英社）

身体と心を温めて免疫力を上げる

人間は他の動物ほど早く走れませんが、持久力がすぐれており何十キロも走れます。汗をかいて体温を調節し身体のオーバーヒートを防げるからです。体温調節は情緒や情動など心の動きと関係する自律神経が行うため、身体が冷えると心も冷えると言われます。湯たんぽや使い捨てカイロ、湯船に入る、靴下の重ね履き、腹巻き、散歩や軽い運動、手指のマッサージ、十分な睡眠、食べ物、ストレスを抱え込まない、などにより、身体と心を温めて免疫力を下げないようにしましょう。誰かに話しを聞いてもらうのも心が温まりますね。

夜ふかしは脳に影響を与えます〜日中は適度に動き夜は寝る〜

眠りは脳の疲れをとり、3歳〜6歳で1日の総睡眠量の目安は10〜12時間とされます。日本の子どもは睡眠時間が世界で最も短く、その原因は夜更かしです。これは大人の生活習慣に影響された結果です。夜ふかしは脳内の時計を狂わせ、覚醒のリズムやホルモン分泌、体温の調節などに影響します。朝起きるのが苦手、日中の機嫌が悪い、ボーッとして無気力、午前睡が必要、昼寝が長いなど睡眠の乱れにより生活リズムが崩れないように注意が必要です。（三池輝久「子どもの夜ふかし脳への脅威」集英社）

日本の子どもは世界で最も睡眠時間が短いのです。

＜3歳以下の子どもの1日の総睡眠時間の国際比較＞

2023年1月29日朝日新聞では「子どもたち、眠れてる？」という特集を1面一杯に組んでいます。
「世界的に見て、日本は大人も子どもも睡眠時間の短さが指摘されています。」
として以下の資料を掲載しています。

南アフリカ	9h13m
米国	8h51m
英国	8h28m
ドイツ	8h18m
韓国	7h51m
日本	7h22m
33カ国平均	8h27m

出典：朝日新聞、OECD調査2021年のデータ

Point

● 小学校で昼寝はありません。大人も子どもも夜ふかしせずに生活リズムを整えましょう。

身体を動かしてあそぼう

バランスをとる・身体を動かす

≪ボールあそび≫かごを持てばキャッチしやすくなります

≪段ボールあそび≫お風呂や家に見立てます「お家に帰ろう」と言えば片付けにもなります

手で操作する

≪風船あそび≫小さくて軽いプラスチックのラケットで打ち合えば「はねつき」もできます

≪バッグ＆お財布≫不要になった財布やカードを自分の財布に。「出す・入れる」の練習です

みんなであそぶ

相手に合わせることを学びます
≪動線を意識する≫子どものあそびの広がりに応じて、遊具を移動させるなど空間を確保しましょう
年長や年少などでやりたいあそびが違う時は、動線が交差しないよう園庭を使う時間配分を工夫します

Point

● ワクワクしながら外あそびをたっぷり楽しむと運動能力も高まります。

作ってあそぼう

つくってあそぶ楽しさを味わう
2・3歳

泥だんご、手形、ペットボトルとあずきで楽器
お絵描き(画用紙だけでなくお風呂の鏡でも)、
ストローを糸でつないでネックレス、糸電話

友達とあそぶ楽しさを味わう
4歳

紙ずもう、ビーズ通し(大)、落ち葉を画用紙に貼る
段ボールとどんぐりなどでリース、松ぼっくりで
クリスマスツリー、月見団子(丸める)

考えながらあそぶ楽しさを味わう
5歳

ビーズ通し(小)、あやとり、お面つくり、白つめ草の冠、ありがとうメダル、祖父母にお手紙
(絵や名前)、うどん作り(踏む)、ケーキ作り(切る、クリームを出す)、ハロウィンの魔女帽子

Point

● 表現を楽しめる子どもは「自分が何かを生み出せる」ことを知ります。

コラム 1

答えを出そうとしない生き方

　森の中でヤブ蚊に刺されながら、汗まみれでカブトムシやクワガタを捕まえる喜びと引き替えに500円で買う子ども。古本屋で探していた本を見つける喜びと引き替えにネットで手に入れる大人。結果は同じでも何かが違う、面白さの核心が軽視されているように思います。無駄に見えることや答えではなく経過の中に大切な何かがあります。

　私たちを支える身体は食べた物でできています。空腹ではなく体調も悪くない。すると「集団の中で認められたい」という欲が沸き上がり地位や名誉、お金などを求めます。人は元々、空洞のようなものなので羨ましがられるようなものを身につけようとします。お金儲けや出世に心血を注ぐ人は沢山います。「自分のため」と考えず「誰かのために何かをする」という自然な気持ちで毎日を過ごせば少しは楽になるのでしょう。そのためには心の余裕が必要なので、やっぱり「認められたい」「大切にされたい」「お金もあった方が良い」ということになります。

　趣味や創作に打ち込む人もいます。時間を見方につけるには時間を忘れるほど何かに没頭することです。そういうものが無くても人生の目標や生きる意味は無理やり見つけなくても良いし、生きることへの違和感はあって当然です。「この状況を何とかしなくては」「こんな自分が嫌になる」そんなことは思わなくても良いのです。辛い時には時間が見方になってくれます。喜びも悲しみも一時のことで必ず終わりが来ます。答えは最初から出ていて絶対に勝てない賭をしているようなものです。少しでも好きなことを優先して「生きがい」や「やりがい」を感じましょう。仕事とリンクすれば言うことはありません。見つからなければ無理して探す必要はないのです。自分の好きなことを優先させるためには「一人でもやる、一人でもやめる」勇気と周囲を巻き込む力が必要になるでしょう。「今」何をするか選択している、その積み重ねが人生です。生まれてきたのは身体を与えられたということです。同じように死は誰かに何かを与える自然な行為です。いつか訪れる死をいかにリアルに想像しながら生きられるかが本質的な生き方につながります。

　私の家はマッチ箱のようなちっぽけな家ですが、建て増しをしようかと考えていた時に妻からこう言われました。「家じゃない、そこに住む人です。」そう、家ではなく私が周囲の人たちとどう生きるかが大切なのです。あっちに行ったり、こっちに行ったりして揺れ動きながら、今は「生きていくのも良いものだな」と思っています。

第 3 章

わかって育つ

～「見る・聞く・わかる・楽しそう」が学びをつくる～

失敗　苦手　得意

3-1 「わかる」「できる」「楽しそう」が学びをつくる

■「することがわかる」ためには「聞き取る力」と「見る力」が必要

　学びは自分から楽しく取り組むことが大切です。学べないとしたら「することがわからない」「できない」「楽しくない」のどれかです。「することがわかる」ためには「聞き取る力」と「見る力」が大切です。先生の指示は、ほとんどが「話す」か「見せる」だからです。「おもしろそうだけど、できるかな？」という魅力的な活動が成長を促します。やがてそれは「余裕でできる」活動になっていきます。

■「話す声」は形がなく流れ去っていく～絵や文字にすると残る～

　子どもは子宮内にいる時から母親の話す声が聞こえています。音声には形がなく流れ去っていきますが、それを留めておくのが記憶（短期・長期）です。「265」を反対から言うと「562」ですが、このような数字の逆唱は3歳から5歳にかけてできるようになります。ワーキングメモリーの音韻ループという言語や音韻情報を保持する力を使います。

■「やさしさ」を持って来ることはできない

　「リンゴ」「自転車」など実物としてある物に貼りつけられた言葉がある一方、「やさしい」「いやだ」など概念だけの言葉があります。実物としては無いものを言葉は概念化します。日常会話はこのような言葉が圧倒的に多く経験の少ない子どもにはわかりにくいものです。「聞く力」とは「聞くだけで概念を理解する力」と言えます。わからない言語で話しかけられても内容を理解することはできませんが、絵や写真、ジェスチャーなど視覚的なヒントがあればわかりやすくなります。言葉より視覚的な情報がわかりやすいのは人間が元々、視覚優位だからです。言語中枢は一般的に左脳にあるので右耳から話しかけるのが良いとされます。

■ 聞く楽しさ・話す楽しさをたくさん味わう

　外国で暮らすとその国の言葉をマスターするように、経験や体験の豊かさが言葉を育てます。聞く楽しさや話す楽しさをたくさん味わいま

しょう。「夏休みどうだった？」と聞いて答えられない子には「夏休みは楽しかった？」など「はい」「いいえ」で答えられる質問にしたり、「トマトとキューリ、どっちが好き？」など2択で答えを選べる質問にしましょう。

「おもしろそうだけど、できるかな？」
くらいの活動が成長させます。

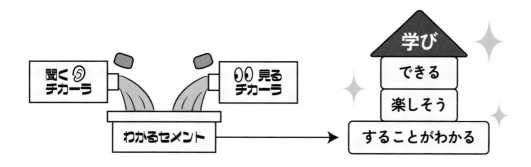

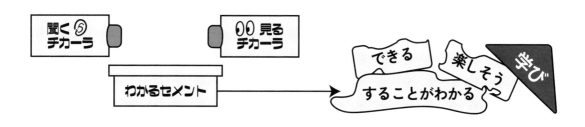

Point

● 少し手伝ってもらえたらできる活動は、やがて余裕でできる活動になります。

3-2 「聞いていない」と思われがちな子がいます

■「聞こえる」けど「聞き取れない」子

音は聞こえていても内容を聞き取る力が弱く「聞いていない」と思われがちな子がいます。ザワザワしたところや小声、早口、長い話などが聞き取りにくく、聞き間違いも多い子です。言われた通りにできず、みんなから遅れるなどストレスや疎外感をもちやすくなります。呼んでも返事をしないなど難聴が疑われる場合は「聞こえ」の検査をしてみましょう。

■「話を聞くのはおもしろい」と思えば聞こうとする意識は育つ

聞くべきことが聞けない、見るべきものが見られない、図と地の弁別が難しい子にとっては「そちらに意識を向ける」ことが重要です。「私に話しかけられている」ことが意識できるように注意を引きつけてから話しましょう。表情豊かに抑揚をつけて、話す内容は短く、はっきりと一つだけ伝えるようにします。イメージがもてるような表現に心がけ、聞く時のルールは「きちんと聞いて」ではなく「話す人を見る・口を

とじる・手はひざの上」など具体的に見てわかるように伝えましょう。座席の位置に配慮し、机や椅子に脚カバーを付けるなど雑音をなるべく減らしましょう。

■「聞きたい」「話したい」というやりとりの中で「聞く力」は育つ

突然の音や特定の音を嫌がったり、みんなには聞こえない音が聞こえたりする聴覚過敏の子がいます。音がすることを予告する、ピストルを太鼓や鈴に変えるなど環境を工夫しましょう。「周りがうるさい」と言っていた子に「テレビを観る時はどのくらいのボリュームなの？」と聞くと「4」と言った子がいました。「どの程度か」という物差しとしてテレビ音の数値は聞く力を共有できる目安になります。聞く力や話す力はテレビや動画など一方的なメディアではなくコミュニケーションの中で養いたいものです。子どもが「話したい」「聞きたい」と思うやりとりをすることです。そのためには、子どもの世界観を受け入れること、子どもにとってどれだけ「話したい」相手であるかが試されます。

「聞いてわかる」は「見てわかる」より難しい。

GOOD 話しだけでなく実物や絵、写真、文字など視覚的な情報があるとわかりやすくなります。

Point

● 聞き取りやすい伝え方や内容、環境に心がけましょう。

聞き取る力を育てる あそび

聞くことに意識を向けるためには「集中する」「聞きわける」「姿勢を保つ」などの力と共に環境が大切です。「聞きたい」と思える内容や伝え方に留意して、楽しみながら聞き取る力を育てましょう。

桃太郎と一緒に旅をしたのは誰だった？

絵本の読み聞かせ

わんわん

読み終わったら内容を聞いたり話し合ったりしましょう

好きな話題は盛り上がる

クイズ

いつも風邪をひいてる動物はな〜んだ？

伝える文の長さは年齢によって調整しましょう。

聞き取る力を育てる あそび

伝言ゲーム

糸でんわ

しりとり

普通のしりとり以外にも・・・

「最後の2文字しりとり」　カラス → ラスベガス → ガスマスク

「頭取り」　　　　　　　リンゴ → くすり → きゅうしょく

「つなげるしりとり」　　いちご → いちご・ゴリラ → いちご・ゴリラ・ラクダ

しりとりはまだ難しい子には・・・

カードゲーム

かるたあそび

似ている単語を混ぜた
オリジナルかるたがおすすめ

あくしゅ

はくしゅ

じんじゃ

ビンゴゲーム

子どもが好きなもので作りましょう
（見る力もつきます）

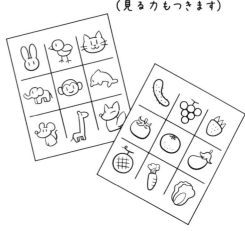

聞き取りゲーム

出題者が同時に話します。
誰が何を話したか当てるゲームです。

せぇ〜の

りんごパン

もんだい
①きょうの　あさごはん
②すきな　くだもの
③すきな　どうぶつ

見られるのは報酬

■ 左右の視野が広いのでテレビ画面は横長です

生物が生き延びるためには捕食者から逃げて獲物を食べる必要があり、そのセンサーとして視覚が大きな役割を果たしました。優れた目を持つ生物は生存競争のうえで圧倒的な優位に立ちました。人の祖先が樹上生活をしていた昔、遠くを見渡せる視力や緑の中から赤い実をとって食べるための色別など視覚が重要な感覚になりました。目は2つとも前にあるので視野は上下よりも左右が広く、映画のスクリーンやテレビ画面、車のフロントガラスなどが横長なのはこのためです。

■ 見えないものは無い〜見て触れるから存在する〜

お母さんがトイレに行って見えなくなると泣いてしまうのは存在自体がなくなるからです。「いないいないばあ」が楽しいのもリアルに存在したり存在しなくなったりするからです。

■ 「見て見て」と言う子ども

人間にとって「見られる」のは報酬です。芸能人は見られていることを意識するので「美しくいよう」と思うでしょう。見ているところが伸びるのは報酬だからです。子どもは「気になるところ」ばかりを見るのではなく「良いところ」を見るようにすると伸びるものです。一方、視線は気になるもので「見られる」のは「報酬」にも「恥」にもなります。自分が何者であるかは他人が決めます。

■ 目は口ほどに物を言う〜視線を感じる〜

スポーツのゲーム中に視線だけでボールをパスしたりプレーしたりすることがあります。何も言わなくても目だけで気持ちが伝わります。眼球に白目が多いのはコミュニケーションを重視する人間だけで他の動物にはほとんどありません。白目と黒目のコントラストがはっきりしていると、獲物を捕る時にも外敵から身を守る時にも相手に視線を悟られて不利になるからです。

■ しっかり見る中心視・何となく見る周辺視

　視覚には中心視と周辺視があります。視力検査でまっすぐに前の検査表を見るのは中心視、走っている時に周囲の風景が何となく見えるのは周辺視の力です。ボールが横から飛んできて、そちらに顔を向けるのは、周辺視で何となく捉えたボールを中心視でしっかり見るためです。目が見える人は情報の約80%を視覚に頼っています。

■ 「ウサギ」か？「紙」か？〜認知のレベル〜

　ウサギの絵を見てウサギだとわかるのは「紙に描かれたウサギの絵」ということがわかる子です。それがわからない子にとっては「ウサギ」ではなく「紙」です。同様に顔写真も「自分の顔写真」ということがわからない子にとっては「つるつるした紙」です。その子が何でわかる段階なのか把握していることが大切です。6ヶ月頃には物のサイズや奥行き、色などがわかります。色彩豊かな刺激を好み、図形は○→□→△→◇の順にわかるようになります。

■ 見てわかる力

（見るべきところを見る）
　見たいものを背景と区別できる（図と地の弁別）。
（形や色、仲間を見わける）
　同じ形や色、違う形や色を区別する、大きさや色、位置などが違っても同じだとわかる。
（位置関係を認識する）
　距離、大きさ、上下、左右などがわかる
　苦手だと、よく道に迷う、物をなくしやすい、お絵かきが苦手、形を覚えられない、着替えに時間がかかる、よくぶつかるなどの状態像が現れます。

■ 目を動かして把握する〜眼球運動・視空間認知〜

　私たちがものを見ようとする時、無意識のうちに眼球はすばやく動いています。「目を動かす」には3つの動きがあります。
（目で追う）
　飛んでいる鳥を追う、書き順を目で追う、物をじっと見るなど。
（視線をジャンプさせる）
　黒板とノートを交互に見る、人混みの中から

人を探すなど。

（目を寄せる、離す）

　近くや遠くを見る時に調整している

　これらの動きが悪いと、ボールあそびが苦手、絵や文字が乱れる、手先が不器用でハサミや折り紙などが苦手、文字を飛ばして読む、よく物にぶつかる、二重に見えるなどの状態像が現れます。

私たちは実物（3次元）の世界に生きています。

❯ 顔写真も「自分の写真」という事がわからない子にとっては「つるつるした紙」です

見たいものと背景とを区別できる

形や色、大きさなどを区別する

Point

● 実物（3次元）→絵や写真（2次元）→話し言葉（見えない）の順に理解は難しくなります。

「見る」と「わかる」～視覚と思考の広がり～

■「見えないものは無い」から 「見えないけどある」へ

　見えるものや他者の存在以外にも「見えないけどある」ことがわかり、見えている側だけでなく裏側もあるということや上下、前後もわかるようになります。言葉の獲得によって見えないものを概念化できるようになり、気持ちや感情を伝え思考や知識が広がります。

■「見る」と「行動する」 ～ミニカーに乗ろうとする子～

　大人とミニカーであそんでいる時に「さあ、車に乗って出かけよう」といわれて本当にミニカーに乗ろうとする子がいます。ボディ・イメージができていないために自分の身体とミニカーのサイズの照合ができません。見て乗れるかどうかが判断できるのは、自分の身体を実感として把握しているからです。私たちが車に乗り込む時、自分の身体のサイズと車のサイズを比較して「乗れる」ということを瞬時に判断しています。

■異なった視点もある

　ジャンケンで「パーはグーには勝つけどチョキには負ける」ということがわかるのは、多面的に状況を判断できるからです。この頃には前、後ろ、横から見た絵を描くことができるようになります。お母さんの立場になったり、赤ちゃんになったり、ごっこあそびの中でも様々な視点に立ってあそびます。

■人を大切にできるのは自分が 大切にされた人

　人の為と書いて「偽」と読みますね。自分のためにしていることが他者の役にも立つことで社会は成り立ちます。「人の役に立っている」という実感は自分を支え人間関係の基本でもあります。相手の気持ちをわかろうとすること、相手の立場に立とうとすること、これらは争いをなくす唯一の道です。この世に生を受け「身体」という宝を授かった我々は、どんな人も毎日、呼吸し、食べて排出しながら自分のため、そして他人のために生きています。

見る力を育てる あそび

〜目でわかるあそび〜

マッチングゲーム

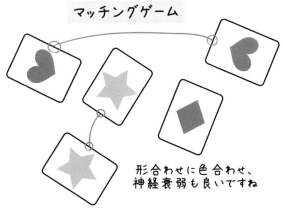

形合わせに色合わせ、
神経衰弱も良いですね

まちがいさがし、仲間さがし

おなじ さかなが にひきいるよ

まねっこゲーム

大人をまねる、絵をまねる、
お友達をまねる…
バリエーションを持たせましょう

見る力を育てる あそび

〜目を動かすあそび〜

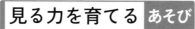

風船バレー

ゆっくりした動きや
早い動きがあります

バドミントン、ピンポン

難しい場合は
風船や柔らかいボールなどを
使いましょう

僕はスーパー
ボクサーなのさ！

逆サンドバッグゲーム

玩具やお手玉に
ひもをつけてゆらします

ケーキをたべるのは だれかな?

視線迷路あそび

モグラたたきゲーム

どこから くるかな?

コロコロあそび

コップやお玉でキャッチしても楽しいね♪

ボールのスピードやコース、スタート地点など変化をつけましょう

他には‥
虫取り(自然のあそびは見る力を育てます)、
線のなぞり、線つなぎ・迷路、あみだくじ、切る・描く・塗るなどの工作

「動き」の発達過程をざっと知ろう

0歳
非対称な姿勢をとりやすく、
重力に対抗して自分からは
動くことができにくい

4~6か月頃
左右対称な姿勢がとれる
ようになり自分の足などを
触ってあそぶようになる

7~11か月頃
対称的な姿勢から
非対称の姿勢を
自分でとれるようになり
親指や人差し指が
使える

1歳頃~
歩き始め、小走りもできる。
指さしやスプーンなどの道具が
使えるようになる

2歳頃~
何でも自分で
したがるように
なる。
親を困らせる
時期。

3歳頃~
着替えや食事、
排せつなどの自立が進む。
自我が強まり
「嫌」と言うことが多い。

4歳頃~
身辺自立が進み、
からだのバランスや動きが良くなり
ブランコなどの遊具であそべる

第**4**章

スムーズな動きが苦手な子へのアプローチ

交感神経 　　　　　 副交感神経

スプーンやフォーク、お箸がうまく使えない／食べこぼしが多い

■ 持つ手、器を支える手、座る位置

　利き手ができたら器を持って食べるようにしましょう。口を器に持っていく食べ方では姿勢が乱れますし、一口分の調整が難しくなります。姿勢は視線に影響されるのでテレビはなるべく消して食べるのが良いと思います。テレビを観ながら食べる場合は座る位置に注意しましょう。椅子の高さを調整したり、座面にすべり止めシートを敷いたりして「しっかり座っている感じ」を大切にしましょう。

■ 手指の発達に合った持ち方があります

　食器の大きさを合った物にする、握りやすいスプーンを使用する、テーブルにすべり止めのマットを敷く、などにより食べやすくなります。器はスプーンやフォークの先が当たるような壁のあるすくいやすい物が良いでしょう。お箸を使うと食べこぼしがひどい場合は、本人に選択させてスプーンやフォークで食べましょう。お箸を使う時は必ず座ることを徹底させ、口に入れたまま立ち歩くことのないようにしましょう。

■ 食べこぼしても良いのです

　6ヶ月頃から手づかみで食べはじめ、1歳ころからスプーンなどを使いはじめます。
　関連する動きは「①肩やひじの動き」→「②親指と人差し指の動き」→「③手首と指の動き」の順に発達します。食べ始めのころは手指や口腔機能が未熟なので食べこぼしが多いのは仕方がありません。手づかみ食べにより手で口に物を運ぶ感覚を学び手指の機能も発達します。スプーンになるとこぼす量は一時的に増えますが、手首や指ですくう量が調節できるようになると減ってきます。大人が介助しすぎないように見守ることで、結果として早く食べこぼさなくなるでしょう。あそび食べの延長線上に楽しい給食や食事会などもあります。マナーは大切ですが、本来、食は楽しいものです。

■ 次の動作と関連します

・人差し指と親指で○をつくり小さい物をつかむ　・チョキがつくれる　・えんぴつを正確に持てる　・いすに座っていられる　・砂あそびでスコップが使える

発達にそった環境が育ちに関係します。

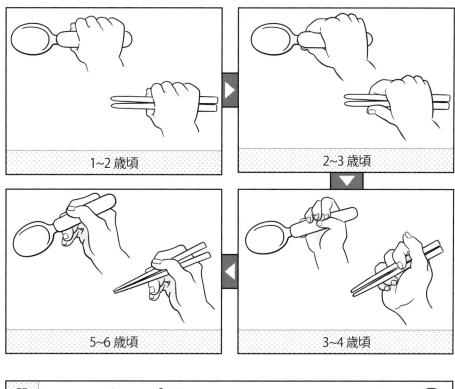

| 1~2 歳頃 | 2~3 歳頃 |
| 5~6 歳頃 | 3~4 歳頃 |

関連する動き

Point

● 10 年後も今の状態ではありません。見守りましょう。

4-2　コップやストローがうまく使えない

■「呼吸する」と「飲み込む」を使い分けて「飲む」

　母乳を吸い込んで飲んでいた赤ちゃんは、やがてコップで飲めるようになります。舌の位置が下から上へ変化し「呼吸」と「飲み込み」を分けて行います。我々は飲む時には一時的に呼吸を止めているのです。

■コップの傾き加減を調整して飲む

　唇が水分を感じて吸い込むことでコップから飲むことができます。前段階として自分の唾液を飲み込めることが大切です。最初はこぼしたり、吹いたりしても大丈夫。唇に水分が当たる感触を実感することが大切です。大人がお酒を飲む時のような「すすり飲み」ができるようになるとコップで飲めるようになります。飲み始めは、おちょこやペットボトルなどが良いでしょう。少し下を向いた方が飲みやすくなります。むせたり誤嚥したりする危険のある場合はとろみをつけることがあります。両手で持てるコップは持ちやすく、中が見える透きとおったコップは確認がしやすいですね。

■ストローで飲むのはコップの後です

　大昔にストローは無く、人類はストロー無しで飲み込むことができるようになっていました。現在は便利なのでストロー飲みは一般的ですが、早い段階から使用すると発達しようとしている舌の動きにブレーキをかけることになりかねません。ストローはできるだけコップで飲めるようになってからにしましょう。順序としては、「①母乳や哺乳びんなどで飲む」→「②スプーンやおちょこ、ペットボトル、コップで飲む」→「③ストローで飲む」です。コップで飲めるようになればストローでも飲めます。ストローを噛まずに吸い込むためには「上下の唇で支えて吸う」という動作が必要です。ラッパを吹く時やうどんを一本ずつ食べるのと似ているので練習しても良いですね。

■次の動作と関連します

・コップを持つ　・口を閉じる　・鼻で呼吸する　・唇を丸める、吸う　・めん類を一本ずつ食べる　・おもちゃの笛やラッパを吹く　など

098

こぼしても大らかな気持ちで接しましょう。

飲むということ

①水分を感じる　**大切!**

②吸い込む　ズズズ…

③のみこむ　ゴクン

最初はこぼしたり、
吹いたりしても大丈夫◎

唇に水分が当たる感触を
実感することが大切

他には...

少し下を向いた方が
飲みやすい

コップの傾き加減を
調整して動かす

Point

● コップの傾きや力加減を調節するのも飲むことも難しい子がいます。

4-3 手洗い・うがい・歯みがきが苦手
〜バイ菌の立場で子どもに話しかける〜

■ 手洗い：一緒に洗って動きを実感する

　石鹸をつけずに左右の手を合わせて動かしてみましょう。手洗いの動作を実感できるように最初は大人が手をとって一緒に洗っても良いですね。次に大人の手を子どもに洗ってもらうと動きを実感できるでしょう。お風呂の中でじょうろのお湯を上から流してもらいながらの手洗いや絵本で見せる、大人がやって見せるのも良いですね。

（次の動作と関連します）
・両手で球を転がす　・両手の指を組み合わせる

■ うがい：まねる、できたらほめる

　できない段階では、お茶や湯冷ましを飲ませて「お口、さっぱりしたね」などと言葉をかけ「清潔にするのは気持ちいい」という意識づけをしましょう。大人のまねをして口に水を含んでペッと吐く、それができたら、水を口に含んでクチュクチュ動かす練習をしましょう。3歳ころにはお手本を見ながら「ブクブク・ガラガ

ラうがい」に移行します。できたことを褒めてモチベーションを高めましょう。

（次の動作と関連します）
・鼻で呼吸できる　・口の中に水をためておく

■ 歯みがき：違和感、つまらないを減らして見通しへの対策を

　主な理由は「①違和感がある、痛い」「②つまらない」「③叱られるのが嫌」です。そのためにできることは、①子ども用の歯ブラシや美味しいと感じる歯磨き粉を使う、前歯は刺激を感じやすいので奥歯からみがく、両頬や唇の周りを押さえながらみがく。②キャラクターの入った歯ブラシを使う、ゲーム感覚で上手に磨けたらご褒美、ごっこ遊びの中でスポンジや歯ブラシを使用しバイ菌を退治する、バイ菌の立場で大人が話しかける（例：磨きたくない時→「良かったぜ、俺たち助かった」、磨いている時→「やめてくれ！そんなに磨くな！」）など。③叱らずに歌を歌っている間だけ短くみがく。手順表やタイマーなどで見通しをもつのも良いですね。

（次の動作と関連します）　　　　　　　　　　　　・鉛筆を正確に持てる　・触覚過敏がある

・鼻で呼吸できる　・口の中に水をためておく

「できて当たり前」と思わないことです。

Point

● 嫌なイメージにならないよう、褒めて習慣化しましょう。

4-4 鼻をかむのが苦手／うんち／おしりが拭けない

■ 鼻をかめない

「①ティッシュペーパーを半分に折る」「②両手で持つ」「③鼻に当てる」「④口を閉じる」「⑤ティッシュの上から指で片方の鼻の穴を押さえる」「⑥口から息がもれないように鼻から出す」①→折り目に沿って折る練習　②→両手で水をすくう、両手でタオルを持って顔を拭く。③⑤→見本を見せてから手を取って教えましょう。④⑥→口周辺の筋力や息を吐く練習としてシャボン玉や笛などの吹く活動をしましょう。

（次の動作と関連します）
・口を閉じて鼻で呼吸する　・両手を合わせて顔を洗う　・紙を折る　・シャボン玉やラッパを吹く

■ うんち

　排尿や排泄は自律神経と関連して安心感が大切です。失敗しても叱らないように気をつけましょう。踏ん張れるように台座などを置いて足が地面についた状態にすること、お腹に力を入れる時に手すりなどを持つことなどに留意しましょう。にらめっこあそびなどで口を閉じてふんばる力をつけ、お腹を「の」の字にマッサージすると腸の動きを活発にします。よく運動して、水分や食物繊維、ヨーグルトなどをとりましょう。

（次の事項と関連します）
・安心感　・規則正しい生活リズム　・出た後で教える　・口を閉じてお腹に力を入れる

■ おしりを拭く

「①トイレットペーパーを必要なだけ引っ張る（巻き取る）」「②反対の手でホルダーのフタを押さえる」「③ペーパーを切り取る（たたむ）」「④拭く」どの行程が難しいのかよく観察しながら自分で拭く経験を重ねましょう。最後に大人が仕上げをする時も「自分で拭いたこと」を賞賛しつつ自信をもてるようにします。ペーパーの巻き取りは「糸まきの歌」などで両手を回す活動をしてみましょう。お尻を拭くのは、穴の位置が見えないのでわかりにくく、手も届きにくい場合があります。身体をねじるのが苦手な場合は股の間の前から拭くようにします。

（次の動作と関連します）
・セロテープを切り取る　・ハンカチをたたむ

・ペーパーを両手で巻き取る　・お尻の位置が　　わかり手が届く　・テーブルや窓拭き

安心感は排泄や排尿、食事などあらゆる面に影響します。

子どもと良い関係ができていて安心感があると
排泄や排尿、食事などあらゆる面に大きな影響を与えます。

交感神経　　副交感神経

緊張、興奮させる　　リラックスさせる
血圧、体温を上昇させる　唾液や消化液を分泌
筋肉を緊張させる　　消化を促進
排尿を止める　　排尿を促す

身体を活動させる　　身体を休める
アクセルの役目　　**ブレーキの役目**

自律神経は情緒や情動と関連しているので
身体の調子に深く関わっているからです。

Point

● 心と関連する自律神経が身体の調子に深く関わっています。

ズボン：「はく」より簡単な「脱ぐ」から始める

　「①ズボンの前を上にしておく」「②脱ぐ」「③座る」「④ズボンのウエストを持つ」「④片足を通す」「⑤もう片方の足を通す」「⑥引っ張って足の先を出す」「⑦立つ」「⑧股に当たるまで上げる」苦手な工程を観察して手伝い次第に援助を減らしましょう。靴もそうですが、立ってはくのは片足でバランスを取りながらの着脱になるので、壁などに身体をつけて固定すると少し安定します。

（次の動作と関連します）
・靴下をはく　・輪投げのリングを両手で持ち片足ずつ通す

靴：姿勢の安定と靴に工夫

　座った姿勢がはきやすく、かかとに紐やリングをつけると引っ張りやすくやります。左右を間違う場合は目印や絵柄などでわかりやすくしましょう。甲高の靴ははきにくいので合ったものを選び、友だちが気になる場合は一人で着脱できる空間があると良いですね。

（次の動作と関連します）
・マジックテープの着脱　・リストバンドを両手で足首に入れる　・長靴をはく

ボタンやホック：4歳頃から手先が器用になる

　「①ボタンをつかむ」「②反対側の手で服を持つ」「③ボタンを服の穴に入れる」「④服から手を離して出てきたボタンを引っ張る」①→指先で物をつかむ練習（洗濯バサミなど）③→貯金箱に小銭を入れる練習　④→ひも通しで左右に受け渡しする。その他、キャラクターやわかりやすい色のボタンで見やすくする、ボタンや入れる穴を大きくする、ボタンの糸足を長くする、一番下のボタンから始めるなどにより、はめやすくなります。手先が器用になるのは4歳頃からですが、2歳頃は「自分でやる」と言うかも知れません。あそび感覚で「ボタンさんがトンネルくぐりまーす」などと楽しく慣れさせましょう。ボタンがついた洋服の人形でごっこあそびをするのも良いですね。ホックがうまくはめられない子は仕組みを知るために、指でホックの形をつくって引っかける練習をしてみま

しょう。スカートなど横にホックのある場合は
前で止めてから回す、など工夫しましょう。

（次の動作と関連します）
・コインをつまむ　・貯金箱や自動販売機にコ
　インを入れる　・つまんだコインを持ちかえる

スモールステップで、どの行程が苦手かよく観察しましょう。

ズボン
①ズボンの前を上にしておく→②脱ぐ→
③座る→④ズボンのウエストを持つ→
⑤片足を通す→⑥もう片方の足を通す→
⑦引っ張って足の先を出す→⑧立つ→
⑨股に当たるまで上げる

難しい時は
"脱ぐ"から
始めましょう

くつ
かかとに
紐やリングを
つけると
引っ張りやすい◎

姿勢を安定させてから

ボタン
ボタンを工夫
キャラクターや
わかりやすい色
糸足を長く
ボタンと穴を
大きく
見やすい
一番下から始める

ホック
指で練習

Point
● 姿勢の保持や手先の動きなど、その子の課題を見つけましょう。

4-6 ぬり絵や折り紙、ねん土が苦手

■ぬり絵：子どもにあった内容や ■ペン

　大きく描く時には肩や肘を使い、小さく描く時には手首近くの腕を固定して、手首や指を使います。単純かやや複雑か、大きな絵か小さな絵か、子どもの状態に合ったぬり絵にしましょう。ペンを持つ手と紙を押さえる手がうまく使えない時は紙を机に貼り付けたり、すべり止めシートを敷いたりします。太めのペンや三角形のペンは指にフィットしやすいので握りやすく、絵の輪郭を太くすると見やすくなります。市販のお絵かきボードは描き始めに良いですね。
（次の動作と関連します）
・ペンを持っていない方の手が紙を押さえる　・ペンの持ち方　・○△□を描く　・良い姿勢で椅子に座る

■折り紙：「お仕事の手」と ■「お家の手」

　ぬり絵と共に片方の手が操作し、もう片方の手が固定、保持する役割分担が必要です。動いて紙を折る手（指）を「お仕事の指」、動かな

い固定する手（指）を「お家の指」と役割をわけてあげます。「できた、楽しい」という気持ちになることが大切なので、簡単な折り紙にしましょう。折り目を軽くつける、折る線を書いておく、大人と一緒に折る、どことどこを合わせるのか目印をつける、など達成感がもてるような工夫をしましょう。
（次の動作と関連します）
・親指と人差し指で紙をつまむ　・紙を押さえてスライドする　・ハンカチをたたむ　・ビーズ通し

■ねん土：触覚防衛反応がある子は ■無理せずに袋やビニール手袋、ヘ ■ラで触ろう

　やりたいようにやる、感じる、創作する喜びを大切にしましょう。やわらかいねん土は堅いねん土より使いやすく、小麦粉ねん土も良いですね。ねん土に限らず、のりやどろあそびが嫌な子は触覚防衛反応が出ています。袋の上から触る、ビニール手袋やヘラなどで触る、できた物であそぶなど、無理のない関わり方に気をつけましょう。

（次の動作と関連します）　　　　　　　　　　　を持って引っ張る　・手のひらで押す

・棒を転がす　・ボールを丸める　・紐の両端

手の役割分担（操作・固定）の必要な活動があります。

ぬり絵

<2歳頃> 絵の上をなぐり描き

<3歳頃> 絵の中を塗ろうとするがはみ出す

<4歳頃> 絵柄に合った色を選ぶ

<5〜6歳頃> きれいに塗れるようになる

折り紙

お仕事の手

お家の手

役割を例えてあげます

ねん土

防衛反応がある子は、無理せずに袋の上から触ったり、手袋やヘラを使ったりする

できた物であそぶなど、"楽しい"ということを優先する

Point

● ねん土やのりなどに触覚防衛反応の出る子がいます。

4-7 ハサミがうまく使えない／ジャンプやスキップが苦手

■ ハサミがうまく使えない

子どもにとってはじめての刃物です。おもちゃのハサミで動かす感覚を味わった後、子ども用の右利き、左利きがあるので合ったものを使いましょう。①1回だけ切る（紙テープを切り離す）②連続して切る　③曲線を切る　④紙を動かして切る、という順序でうまくなります。使い始めの頃はハサミを持っている方の手を動かして切ろうとするので、曲がった線を切る時には紙を置いて持ちかえると切りやすくなります。次第に紙を持つ手を動かして切れるようになります。はさみを閉じた状態から開くことが難しい場合はバネつきのはさみを使用しましょう。切るところを太い線にすると見やすくなります。

（次の動作と関連します）
・チョキがつくれる　・グー、パーの繰り返しができる　・洗濯バサミをつかむ

■ ジャンプ：トランポリンで感覚を養う

平衡感覚や筋力、地面を蹴る力などが必要です。トランポリンは着地面が不安定ですが、地面を蹴って跳ぶ感覚を学びやすい遊具です。怖がる子には平地で大人と手をつないでジャンプしたり、少し段差のある所から飛び降りたりしてみるのも良いですね。

（次の動作と関連します）
・しゃがむ、立つ　・低い段差から飛び降りる
・トランポリン

■ スキップ：見本を見せる

イメージ通りにリズムをとって身体を動かす、バランスをとって運動を続けるなどの力が必要です。「片足で立つ」「ケンケンをする」ができないとスキップは難しいです。小さい頃から外で走り回ってあそび、音楽に合わせて体を動かすのが好きな子は、比較的早くスキップができるようになる傾向があります。教え方の一例①利き足のケンケンを教える（足が自然に出る方が利き足です）②反対側のケンケンを教える（手を貸すのも良いですね）③リズムを手拍子で伝える④右足1回ケン、左足1回ケン⑤リズムを手拍子で伝えながら、交互に右足ケンと左足ケン、片足ケンケンの練習は、ケンケンパ

であそぶのがおすすめです。

（次の動作と関連します）

・片足で立つ　・片足ケンケン　・両足とびで前に進む　・手でリズムをとる

> 幼児番組を見ながらまねしてジャンプするように
> 自分でやろうと思うことが大切です。

ハサミ

①1回切る

②連続して切る

③曲線を切る

④紙を動かして切る

ジャンプ

感覚を養う

無理せず、徐々に慣れる

低い段差から　大人と一緒に

スキップ

片足立ち、ケンケンパ

両足とびで前進

スキップは協調運動が苦手だと難しい！
↳できなくても気にしない

Point

● 「やってみよう」と思う環境や雰囲気をつくりましょう。

4-8 でんぐり返しやダンスが苦手

■でんぐり返し：しゃがむ→パーの両手で支える→重心を移動

①両手を「パー」に開き足元より少し遠くにつく（お尻は浮かした状態）②床（布団やマット）につけた両手に体重をのせる③頭は顎を引いて、おへそを見るようにする④後頭部をつけて背中を丸め一気に回る⑤両足の裏を布団につけ、回った勢いで前を向いて起き上がる、という順序です。○まっすぐに回転できない場合→最初の姿勢で両足の膝が離れている、手がパーになっていない、回るときに後頭部ではなく頭のてっぺんからついている、手で体を支えられていない、などが考えられます。○頭の位置の変化が嫌、回る感覚がつかめないなどの場合→足を広げて股の間からボールの受け渡しをするあそび、布団の下に枕や座布団を入れる、布団を3分の1折り返し、その上にもう一枚布団を重ねるなど、転がりやすくしても良いですね。3〜4歳頃にできることが多いですが、2歳くらいまでの子が始めたら、事故のないように注意深く見守りサポートしましょう。

（次の動作と関連します）

・しゃがむ　・両手で身体を支える　・回転する　・バランスをとる

■ダンスが苦手：一つずつ教える

手を動かす時には足の動きやステップは踏まない、足の動きの時は手の動きは入れない、左右の手が違う動きなら片方だけ動かすなど、一度に複数の動きを入れないように気をつけてみます。見本の動きを記憶し、自分の動きと比較することも苦手なので、一つでも動きをマスターしていると少しは楽になります。一つずつ教え、できることを増やして合わせるイメージです。「この BGM の時にはこの動き」ということが定着すると良いですね。「カニ歩き」「パンチ」「うさぎジャンプ」など覚えやすい言葉は動きのイメージを助けます。ダンスは発表会などにつながることも多い活動ですが、自分でやるから楽しいので「やらされている」という感覚にならないよう留意しましょう。上手く踊れなくても本人らしく生き生きと踊れば良いのです。

（次の動作と関連します）

・身体の動きをまねる　・リズムに合わせて手をたたく　・ジャンプ　・バランスをとる

ダンスは本人らしく生き生きと踊ることが大切です。

でんぐり返し

枕や座布団、
布団を 1/3 折り返したもの

股のあいだからボールを受け渡す　　　　　　　転がりやすくする

ダンス

BGM とペアで覚える

パンチ

うさぎジャンプ

覚えやすい言葉は動きのイメージを助ける

一つずつ覚えて出来る事を増やして
合わせるイメージ

Point

● 一度に複数のことができない子がいます。一つずつ教えましょう。

4-9　なわとびや三輪車が苦手

■ なわとび：同時に異なる動作をするのが苦手

なわとびができるためには様々な細かい協調運動が必要です。練習の一例　①縄を回す→脇を締めて肘を曲げ手首を中心に縄を回す（片手→両手）、両手でフラフープを持ち身体をくぐらせる。②タイミングを合わせてジャンプ→両手でかつぐように縄を持ち、後ろから前へ半円を描くように振り下ろす（持ち手を長くすると振り下ろしやすくなる）、地面においた縄を両足でジャンプして飛び超える、大人と手をつないで一緒にジャンプする、大人が転がしたボールを両足でジャンプして超える、両足でジャンプしながら手をたたく、ジャンプしながら片手で縄を回すなどです。軽すぎず少しまわせば遠心力で縄が回ってくれるものが跳びやすいです。大縄とびの場合は、手でリズムをとりながら少し早めに「ハイ！」と入るタイミングを教える、入って跳ぶ感覚をつかむために自分で回してみる、縄の中心に目印をつけるなどで入りやすくなります。一人でなわとびができるようになるのは6〜7歳と言われています。

（次の動作と関連します）
・両手でフラフープを持ってくぐる　・ジャンプ　・両足で線を飛び超える　・脇を締めて手首で縄を回す

■ 三輪車：自転車よりも難しい乗り物

ペダルを前に押し出してこぐためには足の動きや脚力が必要です。後ろからゆっくり押すと車輪に合わせてペダルに乗せた足も動くので感覚を覚えやすいでしょう。ペダルの角度を45度くらいに傾けておくと踏み込むとき力を入れやすくなります。動き出しは重いので少し押してあげると良いですね。子どものやる気を出すのが何より大事ですが、乗れなくても大丈夫です。気長に待ちましょう。三輪車はペダルの位置が身体より前にあり、関節を大きく動かせないため自転車よりも難しい乗り物です。自転車は三輪車よりも安定感には欠けますが、ペダルが真下にあるのでこぎやすく、身体にあった補助輪つきの物があればそちらでも良いと思います。

（次の動作と関連します）　　　　　　　　面を蹴って進む　・ペダルを踏み込む

・三輪車に乗り降りする　・またがって足で地

「あたりまえ」は各自で違うので、できなくても大丈夫です。

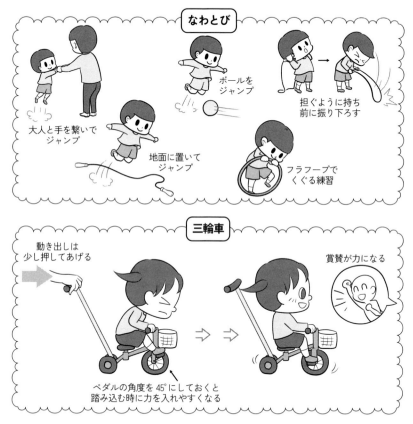

なわとび

大人と手を繋いで
ジャンプ

ボールを
ジャンプ

担ぐように持ち
前に振り下ろす

地面に置いて
ジャンプ

フラフープで
くぐる練習

三輪車

動き出しは
少し押してあげる

賞賛が力になる

ペダルの角度を 45° にしておくと
踏み込む時に力を入れやすくなる

Point

● 大人だって空は飛べません。無理なこともあります。

コラム 2

「合わせる」ということ

　服とズボンが合わない、靴とカバンが合わない、髪型が合わない…一つ一つの物はおかしくないのに全体として何かしっくりしないことがあります。コーディネートが上手くできていないのです。身体の動きも同じです。様々な刺激をそれぞれの感覚器で処理して身体をスムーズに動かし「当たり前の行動」をつくっていますが、それができにくい子について本書では考えています。

　日本は時間ピッタリに電車が来ることで有名です。8 時 30 分から打ち合わせ、10 時から会議、12 時から昼休み…時間に合わせて自分の行動を規制しています。本当はもうちょっと寝たいけど起きなくちゃ、食休みしたいけどもう時間だから…身体は時間に合わせて縛られています。

　私は退職してから時間に合わせる必要がほとんど無くなりました。何という素晴らしい感覚でしょう！　毎日が日曜日、ゴールデンウイークならぬゴールデンイヤーです。そのかわりにずる休みの喜びもなくなりましたが。自分の都合を優先させる幸せを満喫できるのです。本を読もう、それなら山に入ってお気に入りの池の畔で読もう、今日は折りたたみチェアーじゃなくてマットに寝転がって読もう、枕と日よけもいるな、本は…色川武大、いや、赤毛のアンにしよう…明日はテントを持ってキャンプするかな…選択の自由が限りなく広がります。でも、自由がずっと続くと寂しくなるのです。時間に縛られるのは嫌だけど人の中で生きたいのです。この矛盾の中で生きるしかないのでしょう。仙人にはなれないのです。

　人は何かを学んで知ったつもりになっている時、見えなくなるものがあります。自分にもそういう時期がありました。「今やっていることが将来のどこにつながるのか説明できることが大切です」などと話していた自分が恥ずかしい。人とはそんなに簡単なものではありません。その人に合わせようとする気持ちが「その人を知りたい、わかりたい」という感情を引き出します。教育や保育の現場では何を議論しても結局「何をどう教えるのか」という話になってしまいがちですが、その前に「その子に合わせる」ことを考えてみてはいかがでしょうか。服装や動きのコーディネートと同じく、当たり前の様に見えて意外と難しいものです。「合わせる」とは実に多くの力を必要とします。職場の同僚と上手くやっていけるのは合わせる力、コーディネートする力があるからです。「自分」より「相手」のことを考えなければ「合わせる」ことはできません。子どもたちは日々園の中でこの力を培っています。

第 5 章

「しぐさ」
でわかる子どもの心

言葉に出さない感情は身体に閉じこめられる〜「しぐさ」は心の声〜

■「いつもと違う」感覚を研ぎ澄ませる

子どもは大人の知らない世界で多くの時間を過ごし、一生懸命に生きています。自分が知っているのは子どもの一部だと自覚しましょう。いつもと違うな、と思う感覚を大切にして子どもの小さな心のサインを見逃さない注意が必要です。

■ 身体が動けば心も動き出す

座っているよりも立って動いている方が脳は活性化されます。身体と心は繋がっています。感情を閉じこめた身体が動けば、心の中の何かが動き出します。やがて口に出せるようになれば悩みは解決します。本当の悩みは人に言えないものであり、誰かに相談した時点で心の中では解決しています。

■「まだ今はできないんだな」と思う

子どもは自分で育つ力をもっています。「育てよう」とか「できるようにしよう」などと思わなくても、子どもは環境さえ良ければ成長します。大人はその環境の大きな一部であることを自覚しましょう。自分の力で子どもを育てるという姿勢ではなくて、信頼し励ましてくれる優しい人生の先輩でいましょう。いつできるようになるかは子ども本人に任せるしかありません。できない時は「まだ今はできないんだな」と思いましょう。「教える」ということは「今のままのあなたではいけない」と伝えているのと同じだと自覚することが大切です。

■ 優しさという武器をもって世間を渡るために

優しくされて自分を信頼し自信をもてたという「見えないもの」が自分を支えます。幼稚園や保育園、こども園は集団生活の入り口です。最初から失敗体験をする子がいないように先生方は細心の注意が必要です。「こうあらねばならない」という理念は捨てて心の門戸を広く開けましょう。関係性を築くのが苦手、感覚の交通整理ができないなど、わかりにくい様々な特性をもつ子どもに配慮しましょう。

本当の悩みは人に言いません。

例えば・・・

指しゃぶり
⇕
不安、葛藤など

やっほ〜
カァ
落ち着かない
⇕
興味がたくさんある、
感覚の整理が苦手など

耳ふさぎ
⇕
聞きたくない、
音が苦手など

・・・・
声が出ない
⇕
不安、緊張、恐れなど

× 「育てよう」「できるようにしよう」
と思わない

左右が反対だし
ピンと伸ばして
履かないと駄目よ

がんばったのに
おこられた

◎ できないところはスルーして、
できたところを褒める

一人で靴下が
履けたね！
凄い！

あれ？
ぐちゃっとしてると
気持ち悪いな
← 伸ばしてみよう

↳ "できない"は「まだ今はできない時」。環境次第で成長するものです。

Point

● 誰かに相談した時点で心の中では解決しています。

5-2 できることなのに集団の中ではしない 自分からやろうとしない

■ 場に応じて 自分を変えるのが難しい

　先生と二人で教室では踊れるのに園庭でみんなと一緒には踊れない、わかっているのに参観日に手を挙げられないなど、雰囲気や環境が異なると自分の在り方や居場所がわからなくなるのは経験が少ないので仕方ありません。大人のように「様々な自分」をまだもっていないのです。また、慎重で思慮深い性格のため、なかなか活動を始められない、あそびの中に入れない、自分から外あそびに行かないなど、自信がないわけではないのですが積極的に行動しにくい子もいます。「できることなのに」と思い込んでいる大人、その子をまるごと受け入れていない自分を反省しましょう。

■「やらそうとしている」と 思われない言い方で「一緒に やってみる？」

　積極的に行動しないのが悪いことではありませんし、「みんなとあそびたい」「話したい」と

いう気持ちはもっています。「一緒にやってみる？」と促してみるのも一つの方法です。この時に注意することは「させようとしている」と思われないことです。（どちらでも良いけど）という気持ちで（君がやっても良いと思うなら）「一緒にやってみる？」と軽く誘うのです。言外の空気を大切にしましょう。その空気は大人が本心で（どちらでも良い）と思っていることから生まれます。深い穴の底に座っている子どものところまで降りて行くこと、そのためには「他の人から自分の関わり方がどう思われているか」というプライドを捨てる勇気が必要です。

■ 自分からやっている場面を 見つける

　能動的に行動する芽はどこかにあります。その芽を見つけ育ててあげてください。育て方は「認める・話を聞く・褒める・できることを一緒にやる」です。その子のすべてが「自分からしようとしない」のではなく「自分からしようとする芽を持っているが育っていない」のです。

「やらそうとしている」空気は子どもに伝わります。

ぽつん

×「させよう」としない

一緒にやろうよ
みんな楽しそうだよ

身構える

やらせようと
してる・・・

発表会に
間に合わなく
なっちゃう

みんなでダンスを
する時間なのに

◎「どちらでも良い」を前提に

見てもいいし、
もし気になるなら
一緒にやってみる?

考える?

まだ見てようかな
それとも
行ってみようかな?

どっちでも
いいけど

Point

● 自分がされた経験をもとにして人との接し方を学びます。

5-3 みんなと一緒にあそべない／友だちに物を貸せない／自分から話さなくなった

■ そこにいることが大切

　友だちとあそべず、関わる力の弱い子もその子のペースで成長し友だちもできるようになります。うまく関われない自分をもてあましつつ、「こんな自分で良いのかな？」というメッセージを大人に発信しているのです。大人は何かをしようとしなくても、ただ、一緒にそこにいることが大切です。友だちの中であそべない子も、園にいて友だちの近くにいることで感じていることがたくさんあります。

■ 安心できる、相手の気持ちを　知る、経験の積み重ね

　子どもが欲しい物を「欲しい」と言い、自分が大切にしている物を「貸さない」と言うのは健全な姿です。その気持ちをわかった上で「〜ちゃんも使いたいと思うな」と相手の心に気づいてもらう言葉かけをしてみましょう。「貸して欲しい思い」や「借りて嬉しい気持ち」を子どもがイメージして自分の気持ちとの間に葛藤が起こることに意味があります。友だちと一緒に楽しく物を共有したり、友だちが困っている

ときに持ち物を貸して「ありがとう」という言葉を言ってもらったりする経験を重ねることが大切です。できたり、できなかったりを繰り返して成長するのが子どもです。貸せない場合は、今はまだ気持ちの調整がつかないのです。

　玩具や大人を独占しようとする場合は、安心感や認められているという感覚が不足している状態です。「これだけは〜ちゃんの玩具」と安心して玩具を使える環境を用意するのも良いでしょう。安心できる、認められる、かまってもらえることを大切にしたいものです。

■ 自分から話さなくなった　〜好きなお菓子を一緒に食べる〜

　一緒にお風呂に入る、好きなお菓子を一緒に食べるなど、さりげなく「聞く」機会を設定しましょう。話さなくなった理由の深刻さは子どもの話し方や勢いの変化でわかります。子どもは助けてほしいことがたくさんありますが、すべてを話している訳ではありません。先生に叱られたことや友だちと喧嘩した、いじめにあっているなど自分では解決できない心の傷を抱えていることもあります。「行ってきます」の声

が小さくなった、「いただきます」を言わなく
なったなどのちょっとした変化に気づき、「い
つもと違う」と思った時だけではなく、日頃か
ら何でも話せる空気を大人がつくっておくこと
です。少しでも心の傷を癒せる場がどこかに
あってもらいたいものです。

5-4 「ごめんなさい」が言えない
～罪悪感は幼児期の大事な経験～

■ 事実と子どもの認識を確認する

　謝れないのには何か理由があります。①その子なりのプライドがあり、気まずい、失敗してしまったことに対してショックを受けている。②納得できない気持ちがある。「謝りなさい！」と強く言われると貝がフタを閉じるように頑固になるものです。「ごめんなさい」が言えない時間は、納得して謝るために自分の気持ちと向き合っている状態とも言えます。心の整理をする時間を尊重してあげましょう。気にしていないように見えても心の中では気にしています。観察しながら見守り、気持ちを話し出すきっかけや謝るチャンスをとらえましょう。叩く、罰を与える、無理やり謝らせる、「言い訳しないの！」などと怒るのは逆効果です。

■ それは本当に叱るほどのことでしょうか？

　マーチン・ホフマンという心理学者は親のしつけ態度を３つに分類しています。
◆力によるしつけ（高圧的な言葉や暴力）→速効性があるがデメリットもある。

「ダメって言ってるでしょ！」「やめなさい！」「いい加減にしなさい！」など。
・恐怖や怒られることがないと言うことをきかなくなる（何度も怒らなければならない、他の人が普通に言ってもきかなくなる）
◆愛情の除去によるしつけ（脅し）→速効性があるがデメリットも大きい。
「勝手にしなさい！」「もう知らないから！」「置いて行っちゃうよ！」など。
・大人の顔色を見るようになる。（その人の前では良い子）
・隠れて行動するようになる。（見えない場面では悪さをする）
・不安に襲われる。（傷つき自己肯定が下がる、トラウマとなる場合もある）
◆説明的なしつけ（情報を与える）
→大人がいなくても有効に働き、自分で自分を律することができるようになる。
「他のお客さんに迷惑だから静かにしようね」「駐車場は車が危ないから走らないよ」など。
　罪悪感は正しい行動への動機づけです。情報を与える説明的なしつけにより「いけないことしちゃった」という罪悪感が自然に生じるようになります。それが幼児期の大事な経験です。

「教えるより育つ」関心をもって見守りましょう。

「ごめんなさい」が言えない理由

・その子なりのプライドがあり、気まずい。失敗してしまった事に対してショックを受けている。
・納得できない気持ちがある

説明的なしつけの例

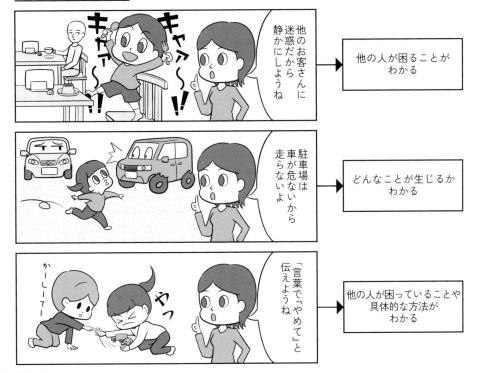

Point

● 大人の思うように「良い子」を演じる子どもが良いのではありません。

5-5 あいさつができない／園に行きたがらない

■ あいさつ〜しない時は仕方ありません、やった時にすかさずほめましょう〜

あいさつは気分の問題、強要しない勇気、待つ忍耐力が大人に必要です。「あいさつするのはカッコいい」と思えるような関わり方をしましょう。身近な環境にいつも「ありがとう」「おはよう」「いただきます」「ごちそうさま」「おやすみなさい」「ただいま」「おかえり」などの言葉があることが大切です。子どもに言わせる前に大人がそういう言葉を普通に使うことです。子どもが自分から「おはよう」と声をかけてきた、自分で部屋のカーテンを開けた、お茶わんを流しに運んだなど、気持ちの変化に注目してみましょう。絵本や子ども番組、キャラクターなどを利用するのも良いでしょう。

■ 子どもが会話の主人公になっていること〜帰って来た時の様子はどうでしょうか？〜

幼稚園や保育園では「お母さんと離れるのが嫌」「環境がかわった」「友だちと何かあった」「給食など苦手なことがある」などの理由が多く、小学校になると「勉強がわからない」「友だち関係」などが多くなります。子どもや先生から話をよく聞いて「いつでも力になる」ことを伝えましょう。気持ちを受け止めて寄り添ってあげれば、きっと前に進む勇気を持てるようになります。朝は学校に行きたがらないけれども、帰って来るときには笑顔で、お友だちの話などをするようならば行かせて大丈夫です。子どもが会話の主人公であることを大切にしましょう。少しでも本音に近い会話ができるように大人の経験を話すのも良いですね。

■ 自信のない子には「ほめる」＋「うれしい気持ち」のミックスジュース

集団の中にいるだけでストレスはかかるものです。そんな中で自分を支えるのは心の奥にある「自信」という栄養であり、大切にされた、可愛がられた経験です。子どもの良さや能力に大人の「うれしい」という気持ちをミックスして毎日伝えましょう。自分の良さに気づけると自信がついてきます。

子どもが自分で「やろう」とする気持ちを育てましょう。

あいさつ

↳ 強要しない勇気、待つ忍耐力が必要

行きたくない理由

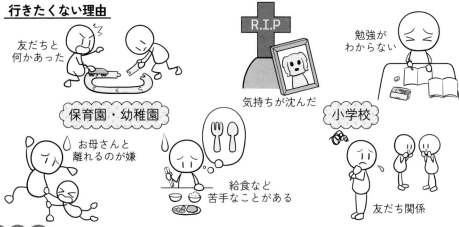

Point

● 「ありがとうは?」、「ほら、あいさつは?」などの言葉は子どものやる気をそぎます。

食が細い／偏食が多い／食べるのが遅い〜「がんばって食べる」が大好きな大人たち〜

自分は普通に食べるものであっても、子どもにとってそうであるとは限らない

自然界には毒や腐敗したものが存在しています。子どもが苦味（毒のセンサー）や酸味（腐敗のセンサー）を好まないのは危険物を避ける本能のためです。揚げ物の衣が突き刺さるように痛い、キャベツを噛むと「キュッキュッってなるのが嫌」など感覚の違いや、イチゴの種が気持ち悪いなど見た目が苦手、嫌なにおい、固い物や初めての物が食べられないなど配慮の必要な子もいます。苦手なものはいくら時間をかけても食べられません。さらに苦手になるだけなので、無理に食べさせるのは禁物です。一人一人の子どもの感覚を見極めて、お話ができる子なら聞いてみても良いですね。

食が細いから不健康ではない〜1日元気に過ごせているかどうかが大切〜

「何とか食べさせなければ」という気持ちを捨てて、食を1日単位、1週間単位、半年、1年で見ましょう。ポイントは、どんな時に食べたか、という視点です。その他、過去にその食べ物で気持ちが悪くなった、吐いたなどの体験、食べたことがない物に対する恐怖心、普段の生活習慣が不規則で保護者が偏食、食感や味の好き嫌いなど、食が細い理由は様々です。お箸を使う時に食がすすまない場合は、食器や食具を使うことが苦手なのかもしれません。

楽しく食べて食の範囲を広げる

生活全般が落ち着いて安定したら偏食も少なくなります。考えてもらいたいことは、「①どうしてもその食材は食べないといけないものか？」「②どうしてもその調理法でないといけないか？」この2点です。その上で、食べやすくするためにイラストを使いわかりやすく目で安心感を与える、味付けを濃くする、切り方や調理法を工夫する、子どもと一緒に食材を育てたり、お料理したりするのも良いですね。スナック感覚のカリカリした触感が好きな子には「天かす」を混ぜる、レジャーシートを敷いてピクニック気分、お皿ではなくお弁当箱に詰める、ワンプレートにして可愛く盛り付ける、など食

べる環境を変えるのも気分転換になります。栄養失調になることはまずないので、あまり悩まず楽しい食卓づくりを心がけてください。食べるのが遅い場合、あそびなど他のことに興味が向いている、お腹がすいていない、嫌いな物が多い、体調が悪い、マイペースな性格、などの原因も考えられます。食事に集中できる環境や好きなキャラクターを利用するなど工夫してみましょう。

食事や排泄は安心感が大切です。

食事場面も環境調整により問題行動を減少できます

↪ 大人の物に手を出す子の場合、子どもと同じ物を同じペースで食べる

食が細い ＝ 成長しない、不健康ではありません。

口腔機能や感覚的な問題、ストレスなどがある子は慎重に対応しましょう

Point

- 1日3回の食事と「おなかすいた」の時間が重なっているとは限りません。

5-7 指しゃぶり／チック／爪や唇を噛む／髪の毛を抜く〜わかっちゃいるけど止められない〜

■ 指しゃぶり〜成長と共に消えるもの〜

退屈な時や眠たい時、テレビを観ている時などに出ることもありますが、他のものに興味を持つことで消失していきます。3〜4歳頃は「成長したい」という願いと、そうなれない葛藤が指しゃぶりや一過性のチックとして現れることがあります。人と比べて優れているところばかりを褒めるのではなく「○○ちゃんは○○ちゃんで良いんだよ」と、その子らしさを認め、本人も自分らしさを発見できるような大人の関わりが大切です。

■ 自然になくなるように

抱っこなどのスキンシップや添い寝をして手を握りながら話をするなど安心感を与えましょう。積み木やブロックなど指を使うあそび、外で身体を使いエネルギーを発散するあそび、好きなキャラクターを励みにするなど、興味を持てるものや集中できるあそびがあると良いですね。「ゆびたこ」という絵本もあります。強く叱る、無理やり指を抜くなどの強引な方法は逆効果です。

■ チック〜心の中にある固まりが何なのか、ゆっくりと引き出す〜

自分の意思に関係なくギュッと目をつむる、目をパチパチする、首や肩をゆする、鼻を鳴らす、咳ばらいをするなど様々です。多くの場合は一過性のものですが、長引く場合は緊張や葛藤、悩みなどを感じている可能性があります。弟や妹ができた、引っ越しなど環境の変化が原因となることがあります。指摘されるとプレッシャーになるので、肩や手にそっと触れるなど気をそらす程度にしましょう。一緒にあそぶ、お風呂に入る、どろあそびやスライムに触るなどリラックスできそうなことをしましょう。

■ 爪や唇を噛む、髪の毛を抜く

不安や寂しい気持ちが背景にあり爪や唇を噛む、髪の毛を抜くことがあります。おっぱいを吸って安心感を得ていた様に、爪や唇を噛む、服の首や袖を噛むのも口唇欲求行動の延長上にあると考えられます。深爪するほど常習的に噛

んだり、髪を抜いたりする自傷行為は、欲求不満や苛立ちを抱えているなどが原因となっています。

言葉で言えない気持ちが身体にあらわれます。

3〜4歳の葛藤

本当はカッコイイ僕なのに！

理想の自分と、そうなれない自分のあいだで葛藤しています

← 比べない ──

またお漏らししたの？

クラスの子はみんなちゃんとおしっこできるよ

↳ 指しゃぶりや一過性のチックとして現れます

爪や唇を噛むことは
安心する為におっぱいを吸っていたことの
延長上と言われています

どうしたの？

欲求不満や苛立ちを解決して
気持ちを安定させてあげましょう

Point

● 身体のメッセージを受け取りましょう。

5-8 嘘をつく～現実と空想が入り混じる、自分を守りたい、かまって欲しい～

■ 現実と空想が入り混じる嘘 ～成長とともになくなる～

　小さい頃は嘘をついているという意識がほとんどありません。友だちから「遊園地で観覧車に乗った」という話を聞くと自分も行ったような気分になり「僕もメリーゴーランドに乗ったよ」と言ってしまうような場合です。成長の中ではごく自然なことなので心配いりません。次第に減っていきますので見守りましょう。

■ 自分を守るための嘘 ～正直に話したら怒られる～

　3歳頃になると言っていることと現実の違いに気づき、意図的に嘘をつけるようになってきます。友達とけんかになった時に「〇〇ちゃんが先に叩いた」と言い、物を壊してしまった時に「僕じゃない」と言うことで自分を守ろうとするなどです。けんかの時には相手との意見が食い違いますし、周りで誰かが見ていたなど意外とすぐにばれてしまいます。自分を守る必要がなければ嘘をつきません。頭ごなしに叱られると、次からもっと上手に嘘をつくようになり

ます。失敗してはいけないと感じるような環境ではないか、失敗した時に励ますような言葉かけをしているか、良いところに注目しているか、必要以上に叱っていないかなどを振り返りましょう。子どもへの話は「納得する」ことが大切です。

■ 自分を認めてもらいたい嘘 ～嘘をついてでも褒められたい～

　自分で作った物ではないのに「これは僕が作った」と大人に見せるなど、褒められたい、かまってもらいたいために嘘をつくことがあります。「それは違うでしょ」と否定するのではなく、普段の関わりの中で話をじっくりと聞き「ちゃんと見ているよ」ということを態度で伝えることが大切です。大人の期待に応えよう、失望させないようにしようとがんばり、結果として嘘になることもあります。お父さんお母さんのことを嫌いな子どもはいません。嘘には子どもの思いが隠されています。嘘をついたことに対して対応することも必要ですが、子どもが嘘をつかなくても良い環境を作ってあげたいものです。

嘘には３つの種類があります。

嘘をついてしまう３パターン

空想と混じる	失敗を隠す	自分を認めてもらいたい

成長とともに無くなります

子どもが自分を
守らなければならない
環境になっていないかチェック！

頑張りを褒めたり、
話をじっくりと聞き、
子どもと向き合いましょう

Point

● 子どもは大人のすることを真似るものです。

人のせいにする ～自分はどう解決するのか～

　失敗や過ちを自分の責任として受け止めるためには自信が必要です。大切にされた経験や信頼できる人から学んだことが非を認める勇気や倫理観を育てます。人のせいにしたことには深く触れずに「そっか」「そう思うんだね」と気持ちに共感していることを伝えましょう。「人のせいにしないの」と追い詰めないで、事実だけを伝え、してもらいたい行動を一緒にします。目的は白黒はっきりさせることではなく、人のせいにするのを止め「自分がするべきこと」を行うことです。発達障がいの特性から人のせいにする場合もあります。「相手が～してくれない」という思考から脱却するためには「自分はどう解決するのか」という思考を身につけることが大切です。整合性のあるわかりやすい説明をして「あなたはどうするのか？」と問います。これらを支えるのは関係性であり、将来の主体的、自律的な生活につながります。

物をかくす～心の中にあるものが表面に出てきた行動～

　特定の子の物をかくす場合は妬みや気に入らないなど関係性が理由です。2人の間で納得できる説明をしましょう。注目して欲しい気持ちがある場合は自分が最初に見つけるでしょう。何か満たされない気持ちがあります。普段から関わり注目してあげましょう。想いを言葉に出せるようになると和らぎます。

言葉にできないと泣くしかない

　子どもは心がむきだしの状態なので傷つきやすい存在です。友だちに物を取られた、先生に叱られた、「思うようにできない、でも手伝ってもらうのも嫌だ」というもどかしさから泣く子もいます。その他、不安・甘えたい、気持ちのコントロールが上手くできないなど理由は様々です。敏感で傷つきやすい子は自分にはできないことが多いと思っています。ちょっとした注意を全面否定と思ってしまうことがあるので、できていないところには目をつぶり、できているところを褒めるようにしましょう。

辛い時は泣いて良いのです。

①気持ちに共感していることを伝えます。

②事実を伝え、
「自分がするべきこと」を確認します。
白黒はっきりさせることを目的にしません。

発達障がいの特性から
人のせいにする場合もあります。

まだ気持ちを言葉で伝えることができません。
涙を否定せずに受け止めましょう。

Point

● 涙を否定せずに受け止め、言葉への橋渡しをしましょう。

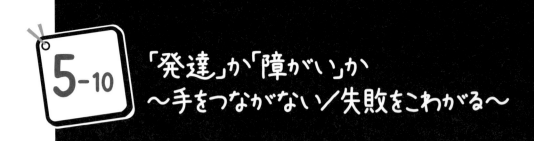

■ できない理由を考えましょう

子どもの行動やしぐさで「ん？これはちょっと」と思う時、それが発達過程の中でジャンプする前にしゃがんでいる状態なのか、「障がい」の特性からくるものなのか、あるいは両方なのか判断することが重要です。

■ 療育の目を磨く大切さ〜保護者をひとりぼっちにしないために〜

子どもはみんな成長したいと思っています。しかし、「障がい」が健やかな成長を阻む要素となっている子もいます。その子の中の「障がい」がどのようなもので、今、その場で何が育とうとしているのか療育の目を磨き想像する力を持ちたいものです。多くの事務的な仕事に追われても、時間を費やすべきは目前の子どもに関する理解です。おぼろげながら「わかる」その子の中の苦しさや、育とうとしているものをさらに理解して保護者に納得のいく説明ができることです。「なるほど、そうだったのか」と腑に落ちる説明ができた時に保護者は救われます。笑顔にしてあげましょう。保護者をひとりぼっちにしないために先生ができることは「子どもの理解と説明」、それに笑顔です。

■ 手をつなぐ、失敗をこわがる

手をつなごうとしない子どもがいた時、触覚防衛反応が出ているのか、イヤイヤ期のためか、手をつなぐ人との関係性のためか、どう判断するでしょう？偏食や耳ふさぎ、不器用な行動など、他の場面で感覚の問題はないでしょうか？発達年齢は何歳くらいでしょうか？信頼関係はできているでしょうか？そういうことを考慮することで「手をつながない」背景にあるものがおぼろげながらわかります。手をつなぐ時に爪を立てるのはストレスがかかっているので助けて欲しいというサインです。手の握り方が弱い子、強い子、引っ張る子、引っ張られる子、手と手をつなぐというだけの行動から学ぶことは山ほどあります。

失敗体験を繰り返してきた、こだわりがある、感覚の交通整理が苦手など「障がい」の特性から失敗をこわがる子がいます。一方で心の一押しが欲しい子どももいます。

今、その子の中に何が育とうとしているのか考えましょう。

「手をつながない」理由は色々

触覚防衛反応
（感覚の交通整理が苦手）

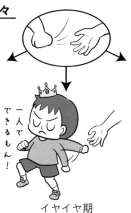

一人でできるもん！

イヤイヤ期

さっき怒られたから嫌！

手を繋ぐ相手との
関係性

「発達」か「障がい」か（或いは両方か）に
当てはめようとしていませんか？

発達　　障がい

本人は「生きたい、幸せになりたい」だけです

保護者をひとりぼっちにさせない為に
先生ができることは２つ

ウチの子はちゃんとできていますか？

Eくんのペースで成長していますよ

「子どもの理解と説明」
それに保護者を笑顔にすること

Point

● 高くジャンプするためには一度しゃがまなければなりません。

コラム 3

ふしぎ

　小さい頃からふしぎなことが大好きでした。中学校の先生になってからも授業でよく怖い話をしました。話の後「こういう話をすると霊と波長が合って何かが集まって来るんだよ、ほらな」と窓の外を指すとカラスが集まっています。チャイムが鳴り教室を出ようとすると一人の女子が座って泣いています。「あ、ゴメン、そんなに怖かった？」と聞くとこう言いました。「違うの、先生が話してる間ずっと知らない女の人が私の横にいたの」「！」私の方がゾッとして、そそくさと職員室に戻りました。

　わからないもの、ナゾというのは魅力的です。「あなたのことがもっと知りたいの」と言われるのは、わからないから知りたいということ、「あなたという人がよくわかったわ」とは、わかったから幻滅したということです。ナゾやふしぎ、未知なるものは人を惹きつける魅力があり「知りたい」気持ちをかき立てます。

　私は日本児童文学者協会で丘修三先生からこう言われました。「成沢さんの描く先生は先生らしすぎる。もっと外れた先生を描いてください。不良だと思っていた男子が子猫を拾って飼っているとか、ガリ勉で弱い男子が女の子を守るため不良に立ち向かうとか、意外性が大切なんです。魅力とは落差にあります。」子どもの活動の中にナゾやふしぎ、未知なるものが含まれていることは学習意欲を高めます。そして予想との落差が大きいほど驚きや喜びも大きくなります。

　暗闇の中で音がしたら何かがいるのではないか、と思います。実際には存在しなくても、もしもいたら危険にさらされるので「いるかもしれない」前提で反応するのです。危機管理として進化の過程で過剰に感受性を高くしたと考えられます。一方で片付けをしていてガラクタに見えても「何かの役に立つかもしれない」と思い捨てられないことがあります。なぜそう思うのでしょうか。様々な場面で感じる多様な感情はどうしてそう思ったのでしょうか。高い所から下を見た時に吸い込まれそうになる時も「誘う者」の存在を感じるのです。人知を超えた何かの力が働くことはあると思います。ナゾやふしぎ、無駄やガラクタは社会生活に必要ないように見えますが、ハンドルの「あそび」のように実は大きな役割を果たしているのかもしれません。

第 6 章

「子ども力」と向き合う

〜神さまからもらった仕事をする子どもたち〜

6-1 「あそび」という神さまからもらった仕事をやり尽くす

やらされるのではなく自分からすることが身につく

扉を何度も開け閉めする、階段や段差を上る、水をこぼす、服を脱ぎ散らかす…子どもは動きながら「こうする」というやり方を学びます。大人は学ぼうとしている子どもに言うだけではなく「こうする」というやり方を見せましょう。あそびは子どもにとって成長するために神様が与えてくれた仕事です。やらされるのではなく自分からする、何かのためではなくそれ自体を楽しむから成長します。

あそびの発達〜感覚・模倣・役割・フリ・ごっこあそび〜

感覚あそびから始まり、模倣ができるようになると大人を真似てスプーンをお母さんの口に入れようとします。ボールを転がすあそびなどで役割や交代があることを学びます。やがて、寝たフリや食べるフリなど「相手にしてみせる」ことができるようになり、虚構と現実を行き来する見立てあそびからごっこあそびに発展します。言葉が増える時期と重なり、あそびの中に沢山の言葉が介入してきます。大人の真似をしてお母さんや先生などの役をしたがり、やがて社会に適応していくのです。

「子ども力」〜ワクワクする、チャレンジする、繰り返す、ムキになる力〜

ミニカーをぶつけたり、高い所によじ登って飛び降りたり、ブランコをぐるぐるにねじって乗ったり、チャレンジすることが大好きで、大人から見ると危ないと思える不安定な活動や場所を好みます。お絵かきや絵本、言葉あそび、歌い、踊り、演奏するなどの活動も大好きになります。「もう1回」と言って絵本を何回も読んでもらい、できることを大人に見せたがり、悔しがってすぐに泣くのです。これらは子どもの中に渦巻く「成長したい」というパッションからくる「子ども力」です。自分からムキになって繰り返す力は真似る力と共に学ぶ力の基礎になります。集中している時は防げないようにしましょう。

やり尽くして満足することが次に進む条件です。

3〜4歳ごろになると、「〜しながら…する」ことができるようになります

ごっこあそびでの「つもり」の共有は
ルールや倫理観の基礎になります

● 今の自分に必要なあそびは本人が一番知っています。

6-2 癒しとしての「あそび」〜大人が本気で 笑っている時、子どもは成長しています〜

■■ あそびで苦しい現実を 乗り越える

　注射されて痛かった、歯医者がいやだった、うんちが出なくて病院に行かなくてはならないなど、子どもなりに不安と闘っています。そんな時「あそび」が助けてくれます。歯医者さんごっこ、病院ごっこ、おままごとなどで「今日、うんちが出なかったら病院に行ってプスだからね！」とピカチューのぬいぐるみに話しかけるのです。それはお母さんから自分が言われたセリフです。自分を投影したぬいぐるみに注射をして「ピカッ」と声をあげることでストレス解消しています。辛いことがあって公園にいる子が一人でブランコをこぎ、地面に絵を描いているのも「あそび」に助けてもらっている姿です。

■■ 神様の仕事に入れてもらう 〜同僚と仲良くして自分が 本気で笑える環境をつくる〜

　アドリブ力を鍛え自分らしいやり方で子どもと繋がりましょう。4歳頃になると大人がトントントントンと膝でリズムを打ちながら「ハ

イ！」と言うと「♪ママには〜♪メッチャおこられて〜♪また買ってきたの♪ダメでしょう♪」などと、今、思っていることを自由に歌にするでしょう。ストレスのある場合はそれが歌詞になります。「オルフ・シュールヴェルク」という方法で、自由に即興的に楽しみます。即興演劇「インプロ」は、その場で出たアイデアを膨らまして物語にします。赤ちゃんをあやすため母が歌ったのが音楽の始まりだと言われます。火を囲んで音のリズムに合わせて踊り共感するという姿は昔からありました。会って、触れて、同じものを食べて、同じものを見て、同じことをする中で「好き」という感情が紡ぎ出されます。一緒にあそび、歌い、相撲やおしくらまんじゅうをする中で子どもは人間本来の姿を体現しているのでしょう。

■■ あそぶ中で目覚める「かつての 子ども」を大切にしましょう

　一緒にあそぶ中でムキになり自分が子どもに戻る瞬間は、子どもにとっても至福の時間になるでしょう。

子どもの世界の中で共に生きようとすること、
子どもの感受性に近づこうとする姿勢が大切です。

子どものリアクションにより
発達や関係性がわかります

アドリブで歌やダンスをすると、
今思っていることが出てきます

Point

● その子と繋がっている実感が大切です。

思考の育ち〜場当たり的な3歳児、準備する4、5歳児〜

■ 1歳半〜2歳頃〜鏡の自分がわかり、自他を区別する〜

1歳半〜2歳頃の子どもの前で大人がまずそうにイチゴを食べ、おいしそうにブロッコリーを食べて「私の好きな方をちょうだい」と言うとブロッコリーをくれます。私はイチゴが好きだけど、あなたはブロッコリーが好きだ、ということがわかるのです。

■ 3〜5歳頃の「頭の切り替え」〜場当たり的な3歳児、準備する5歳児〜

様々な色や形のカードを「色でわけて」と言われると3歳頃の子どもはわけることができますが、同じカードを「形でわけて」と言われると正しくできずに、また色でわけてしまいます。最初のルールから新しいルールに頭を切り替えることがでにくいのです。5歳頃にはできるようになります。「色でわけて」という言葉を聞いて頭の中で準備している5歳児とカードを渡されてから考える3歳児の違いです。「ボール当てゲーム」でも3歳頃は走っている相手をめがけてボールを投げますが、5歳頃には走っている相手の少し前をねらって投げるので当たります。見えない世界を想像して「もしも〜だったら、どうする？」などと考えて言うようになるのもこの頃です。

■ 4歳〜5歳頃の独り言、鏡文字〜心の中で思考するためには言語が必要です〜

3〜4歳にかけて過去や未来の自分がわかるようになり、お正月やクリスマスなどを楽しみに待つことができます。4歳頃の独り言は、言葉がコミュニケーションだけでなく考えるための手段となりつつあるためです。思考は話し言葉ではなく内言で行われます。書き言葉はすべて内言なので高度の抽象性が必要です。ひらがなを書き始めた頃、文字は絵や記号のようなものなので左右を逆に書く（鏡文字）ことがあります。ハサミが左右逆でもハサミとわかるように、生活の中で左右を区別する機会はほとんどありません。文字（書く）は言葉（話す）と違い特別に学習する必要があります。

自分が何者かは他者が決めます。

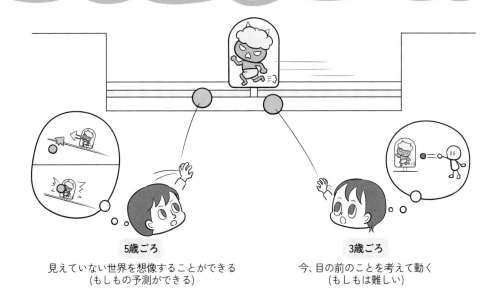

5歳ごろ
見えていない世界を想像することができる
（もしもの予測ができる）

3歳ごろ
今、目の前のことを考えて動く
（もしもは難しい）

生活の中ではどちらを向いていても「うさぎ」

うさぎ

あ

ひらがなの覚え始めでは
鏡文字であっても同じ字の認識なのです

Point

● 人のために何かできた思いが自分を支えます。

太田ステージ(LDT-R)
～教材や課題の意味づけがわかる～

■ 実施が簡単「だから何をすれば良いの？」に答える検査

LDT-Rは実施方法が簡単な検査です。認知面の発達段階がわかります。ステージごとに「こんな活動が適しています」という具体的な教材や課題が紹介されているので活動の意味づけもできます。発達の最近接領域の課題を選ぶこともでき、支援者間でも共通理解ができます。LDT-Rという検査でわかる認知の発達段階にはステージⅠ、Ⅱ、Ⅲ-1、Ⅲ-2、Ⅳ、Ⅴ以上の6段階があります。

■ 認知の発達段階がわかりステージごとの課題や教材が示されている

LDT-R1では6つの絵（時計、ボール、ネコ、くつ、リンゴ、自動車）について「ボールはどれですか」などと名称を質問し指さしで答えます。4つ以上正解なら合格でLDT-R2に進みます。不合格ならステージⅠとなります。LDT-R2では「書くものはどれですか」などと用途を質問し指さしで答えます。4つ以上正解なら合格でLDT-R3に進みます。不合格ならス

テージⅡとなります。このように簡易に測定できます。

＜ステージⅠ＞1歳半頃までの感覚運動期で物に名前があることがわからない段階。＜ステージⅡ＞1歳半～2歳頃のシンボル機能が芽生えつつある段階。ステージⅠ、Ⅱの子どもたちが認知面で困っているのは見通しが立たないことです。エプロンで給食、オムツでトイレなど、実物のシンボルを見せて次に何があるか伝えましょう。＜ステージⅢ-1＞2歳～3歳頃の段階で物の名前や身近な動詞はわかるが比較はできない段階。＜ステージⅢ-2＞3～4歳頃の比較ができつつある段階。＜ステージⅣ＞4～8歳程度の認知段階。＜ステージⅤ＞7～8歳以上の認知段階。Ⅲ-2以降は集団指導がしやすくなります。

■ 知能と非認知能力

知能は「記憶力」「情報処理能力」「推論能力」などで測ります。「頭が良い」とされる大学を卒業しても社会で上手くやっていけない人もいます。知能だけではなく「自分や他者と折り合いをつけ協調して取り組む力」（非認知能力）が大切です。

幼児教育は知能よりも非認知能力に影響を与えます。

知能

記憶力

推論能力

情報処理能力

非認知能力

自分や他者と折り合いをつけ
協調して取り組む力

目標や
意欲

興味・関心

粘り強さ

自制心

幼児教育

Point

● 目先の「できる」「できない」ではなく、子どもの命の根を太くしましょう。

「いつも叱られてばかりいる子」にしない ～「障がい」は個人ではなく環境にある～

子どもは環境に適応して生きている ～お母さんや家庭を支える～

子どもはどのような環境であれ適応して生きています。厳しい環境で「今を生きる」子どもたちは他者を信頼する力はなかなか育ちません。先のことよりもリアルな「今」が大切なので人の目を気にします。子どもの支援と環境はセットです。お母さんや家庭をいかに支えるかが重要です。

その子にとっての合理的配慮とは何か

厳しくしても子どもが言うことを聞かず先生もお手上げという場面をよく見てきました。ある施設長からは「学校の先生は厳しすぎる」「その方にあった作業をしてもらいます。できないことはさせません。できることを丁寧にする心を育てて欲しい」と言われました。心を育てるために必要なのは「させられる」経験ではなく「しようと思う」経験です。その基になるのが一人一人に応じた合理的配慮です。車椅子やスロープ、点字や手話などのわかりやすいものか

ら「わかるように伝える、刺激の統制、目を離さない、伝える方法を教える、感覚の交通整理」などわかりにくいものまで様々です。合理的配慮がなされた安心できる毎日の中で「教える」は意味をもちます。周囲の大人が「いつも叱られてばかりいる子」にしないこと。「何を教えるか」も大切ですが「何がその子にとっての合理的配慮か」を明確にすることが大切です。

「わかってもらえた」と思えると次に進めます

保育や教育、しつけで大切なのは「大好きな人」からほどこされるということです。「この人が言うなら聞こう」と思えるのは「私をわかって認めてくれる人」だからです。子どもも保護者も今の状態に満足して「わかってもらえた」と思えることで次に進めます。いつまでも前に進めないのは「わかってもらおう」としているからです。何事もやり尽くし満足することで次の段階に移行できるので、次に進んでほしければ今の状態を認めましょう。子どもも保護者も大好きな人と一緒に育ちたいのです。

親が幸せなら、子どもは幸せです。

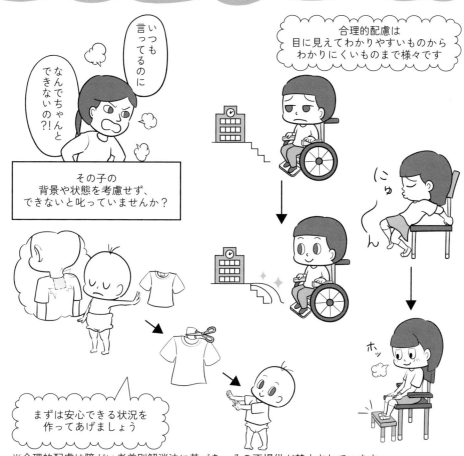

※合理的配慮は障がい者差別解消法に基づき、その不提供が禁止されています。
　その子にとって何が合理的配慮なのかはそれぞれ違います。

Point

● 子どもは真実を映す鏡です。

つい叱ってしまうのは、がんばっているからです〜良い子大好き症候群からの脱却〜

■■ 叱るという依存性〜生きづらさを一時的にやわらげる快刺激〜

叱るのが良いことだとは思わないし自己嫌悪になるのがわかっていてもつい叱ってしまいますね。気持ちに余裕のない時は特にイライラします。その理由 ①悪いことをしたら罰したいという処罰感情 ②自分の言葉に相手が従うという自己効力感。この２つにより「叱る」ことが快刺激をもたらします。人は無意識のうちに生きづらさを一時的にやわらげるものに依存するため「叱る」ことがやめられなくなります。特に②は生まれながらにもっている欲求なので二次的な後悔に勝ります。この延長線上にDVや虐待もあります。

■ 効果と限界を知る

叱るのがすべて悪いというわけではありません。危ないことをした時には止めなければならないように、行動を修正する効果はあります。その一方、叱っただけでは「どうすれば良いのか」という学びにつながりませんし、関係性を悪化させる可能性があります。

■ 「叱る」を手放す〜自分を許し「諭す」「説得する」方法に移行する〜

依存の悪循環に陥らないためには、自分が叱ることに依存していないか省みることです。叱ってしまう自分も許してあげましょう。叱ることを我慢するのではなく、手放すというイメージで自分の意識を再インストールしましょう。相手の行動を変えたい場合、「叱る」以外に「諭す」「説得する」方法があります。どうすれば良いのか伝え一緒にやりましょう。

■ カッとなったら、その場から離れる〜「怒り」はエネルギーを使う感情〜

人は怒っている時、戦闘状態になっています。カッとなってやらかしてしまう脳と「ちょっと待て、落ち着け」と指令を出す脳の部位は異なり、後者は遅れて働きます。その場から離れる、気分転換をする、怒りの感情や理由を紙やパソコン上に書いて見る、その後ゴミ箱に捨てる、など自分なりの時間差を設ける工夫をしましょう。

「大切なこと」とは誰にとって大切なのでしょう？「子どものため」
と言いながら「大人のため」であることがよくあります。

叱る

処罰感情
悪いことをしたら罰したい

自己効力感
自分の言葉に相手が従う充足感

効果

行動を修正する

止まって！

「どうすれば良いのか」
学びにつながらない

限界

関係性の悪化

Point

● 良いことばかりするのが人間ではありません。その子らしく生きていれば良いのです。

6-7 子どもをぐんぐん元気にする魔法
～敬意と笑顔でとことん可愛がる～

■「ありがとう」で敬意を伝えましょう

　車が走るのに燃料が必要なように、人も自分の中にどのような燃料があるのかによって走り方は異なります。生物はすべて「生きたい、成長したい」と思っていますが、どんな子にも共通するのは「与えられたものしか外には出せない」ということです。優しくされれば優しくできるし、叱られてばかりいると心が荒れてストレスを外に向けて発散します。良い子になってもらいたければ、良い子になるような関わり方をすれば良いのです。できるかどうかが大人に問われます。

■今すでに子どもの中にある宝探し

　「良いところも悪いところも受け入れてもらっている」「愛されている」という実感が大切です。これさえあれば大きく逸脱することはありません。子どもは生き生きと輝きます。大人から見ると手のかかる子も受け止めましょう。関わる大人が良いところに注目し、ほめ方が上手になれば叱ることは減ってきます。社会

という荒波の中で生きるために必要な「他者と上手くやっていく力」は安心感や優しくされた体験の中で育ちます。

■子どもの自己肯定感は大人の自己肯定感で決まる

　大人の中に「がんばりや成長している姿をみつけて喜びを伝える力」があるでしょうか。自分が育った環境が過酷であれば子どもを褒める余裕は残っていないかも知れません。一生懸命に取り組む人ほどイライラしたりカッとなったりしがちです。自分が育った環境を振り返りましょう。「私も比較されて育ったな」「寂しかったな」などとメタ認知が働くことで修正することができます。今の自分は3代前からの影響下にあります。そして目前の子どもに影響を与えつつあります。子どもの奥にあるものを知るのは容易ではありませんが、子どもが見えているか、いないかを測る物差しが2つあります。1つめは子どもとあそんでいる時に自分も本気で喜んでいること、2つめは同僚と仲良くできていることです。子どもを元気にする魔法を自分のものとするため生い立ちの旅に出ましょう。

自立とは適切に依存している状態です。

どうしてできないの?!

毎日やってるんだからできて当たり前でしょ

はけない!!

一人でお着替え頑張ってるの助かるよ〜

甘えたい時もあるのに今日は一人で挑戦してくれている!

燃料によって走り方は異なります

子どもを輝かせるには今すでにあるある宝探し

行動力がある

あれは何?!

落ち着きが無い

ねこ!

初めまして!

一緒にあそぼ!

積極的

Point

● 喜びを与え、そして与えられながら私たちは生きています。

「混沌」と「十牛図」〜その子らしさを味わう〜

■「混沌」（「荘子 応帝王編」）の概略

　中央という地域の王様である混沌には目も耳も鼻も口もありません。人間なら見て聞いて息をして食べているのにそれができないのです。南海の王様と北海の王様が、お世話になっている混沌の恩に報いようと1日一つずつ穴をあけていきました。7日目に全ての穴をあけ終わると混沌は死んでしまいました。

■ 保育、教育は人なり

　この話から何を感じるでしょうか？言葉にすると遠ざかってしまいますね。見えないし表現できないけど感じる何かが人と人との繋がりを支えています。「あなたのにおい」があるように、あなたらしさとはみんなからは見えないところで現れるものです。プール掃除の時のアメンボ、体育館に迷い込んだツバメ、教室に入ったトンボ、トイレにいたコオロギ…こういう場面に出くわした時、あなたらしさが現れるでしょう。それが「保育、教育は人なり」ということです。

■ 感じることでしか味わえない世界がある

　重度の肢体不自由と知的障がいがあり、発語はなく目も見えない生徒がいました。ロックを聴くと車椅子が揺れるほど全力で身体を動かしてリズムをとろうとし、クラシックを聴くと溢れるほどの涙を流しました。「紅葉」や「故郷」などの童謡や唱歌を聴くとしんみりとした表情を受かべます。話はしないけれど豊かな心で素敵な地図の上を飛び回っているんだろうな、と思いました。

■「十牛図」の概略

　悟りに至る10の段階を中国北宋時代の禅僧・廓庵が図と詩で記しました。一人の童子が、①牛を探し②足跡を見つけ③牛を見つけ④捕らえようとしたが牛が暴れ⑤手なずけ⑥牛の背に乗って帰宅し⑦牛のことを忘れ家でくつろぎ⑧無の世界にたどりつき⑨自然の風景が広がり⑩布袋和尚となった童子が市井に出ます。

　あなたは今、どこにいるでしょうか。

人生で出会える人は限られています。
その子と出会えたことに感謝しましょう。

あなたは、この話から何を感じるでしょうか？

ふいに出くわした自然との向き合い方にあなたらしさが現れます

Point

● その子らしさを味わう時、その子もあなたを味わいます。どのような味の
大人であるかは、あなた次第です。

あとがきにかえて

　命は時間の中にあります。その中で、人はみんな最高の生き方をするために生まれてきました。どんな子も心の中で「生きたい、幸せになりたい」と思っています。

　私は幼稚園の頃ふと「何で生きているのだろう」と思ったことがあります。答えはすぐに見つかりました。「楽しみがあるから」でした。友だちとあそぶ、虫とりに行く、川や海に行く、スパゲッティや竜田揚げを食べる、ゲゲゲの鬼太郎やウルトラマンを観る、などいくらでもありました。当時の私は大人の世界がよくわかりませんでした。大人の事情とは子どもからすれば「訳のわからないもの」でした。面白いだけの人生を歩んだのは小5くらいまでです。好きなことを優先する人生は続きましたが「勉強しなければいけない」という亡霊がいつの間にか頭の片隅にこびりついていました。生きることや幸せとは関係のないことに重点がおかれている社会で暮らす息苦しさを感じるようになりました。子どもの頃に大人がはっきりと見えなかったのは、本質的なことに対して純粋ではなかったからでしょう。人の価値は生産性にあるのではありません。学生時代は「良い成績や学校」、社会に出てからは「地位やお金」など、くだらないことに時間や心を費やしてきたものです。幸せはいつもすぐ目の前にあったのです。期限つきの身体を与えられて、みんなの中で、今、生きていることです。そのことを家族や「障がい」のある子どもたちに、訪問教育に関わる中で教えられました。

　現在、私には孫が4人います。老人と子どもはどちらも「あちらの世界」に近いので通じ合うのかも知れませんが、その子たちとあそぶ時、自分自身の何かが共鳴し試されます。大人の中にある子どもと共鳴する「何か」が幸せになる核心ではないでしょうか。幸せになりたければ心の声に耳を澄まして子どもから学ぶこと、自分の魂が帰りたがっている場所を明確にすることです。大

人が幸せであれば子どもも幸せです。子どもたちが健やかに育つには「幸せ」の意味を大人が自らに問う必要があります。

あなたの中にあるものは与えられたものです。それがどのようなものであれ、あなたの一部であることを自覚して生きることにより修正が可能です。与えられたものしか人に与えることはできません。目前の子どもにも同じことが言えます。あなたは、今、その子に何を与えているでしょうか？大人は子どもに大きな影響を与える者として存在します。安心できる大人と生きる中で、他者と関わることの大切さを幼児期から実感できる社会になることを願っています。

真面目で一生懸命な人ほどイライラしたり追い詰められたりしがちです。「気にしていない」という人ほど悩んでいるものです。正直にならなくても良い、勇気がなくても良い、失敗しても怒られても上手くいかなくても良いのです。「生きるか死ぬか」以外はどうでも良いことです。疲れたら休みましょう。そこにいるか、いないかは選べます。身体の警告は「痛み、発熱、疲労感」です。帯状疱疹はヘルペスウイルスが身体の異常を感知して体内から脱出しようとしている状態と言われます。時間が経つと身体も劣化するのは仕方ありませんが、無に帰するその日まで自分らしく好きなことをして誰かのために生きることが無常を克服するということでしょう。

最後になりましたが、今回も大変お世話になりました風鳴舎の青田恵様、無理なお願いに快く応えてくださった和泉りきょう様、そして手にとってくださったあなたに感謝いたします。

2023年　　春の山里にて

成沢真介

引用・参考文献

・朝日新聞 2023.1.29「子どもたち、眠れてる？」
・ヴィゴツキー「思考と言語・上」明治図書
・太田昌孝／永井洋子「認知発達治療の実践マニュアル―自閉症の Stage 別発達課題」日本文化科学社
・大豆生田啓友／大豆生田千夏「非認知能力を育てる　あそびのレシピ」講談社
・岡本夏木「幼児期〜子どもは世界をどうつかむか〜」岩波書店
・小渕千絵「APD（聴覚情報処理障害）がわかる本　聞き取る力の高め方」講談社
・鴨下賢一／立石加奈子／中島そのみ「発達が気になる子への生活動作の教え方」中央法規出版
・河合隼雄「子どもの宇宙」岩波書店
・河合雅雄「子どもと自然」岩波書店
・川嶋朗「心もからだも『冷え』が万病のもと」集英社
・北出勝也「発達の気になる子の学習・運動が楽しくなるビジョントレーニング」ナツメ社
・木村順「発達が気になる子の感覚統合」学研プラス
・國分功一郎「暇と退屈の倫理学」太田出版
・斎藤孝「『学ぶ力』を伸ばす本」大和出版
・佐々木正美「子どもの心が見える本」子育て協会
・白石正久「子どものねがい・子どものなやみ」かもがわ出版
・荘子／金谷治 訳注「荘子（内篇）」岩波書店
・田中真介／乳幼児保育研究会「発達がわかれば子どもが見える」ぎょうせい
・テクタイル　仲谷正史・筧康明・三原聡一郎・南澤幸太「触楽入門」朝日出版社
・野村潤一郎「サルが食いかけでエサを捨てる理由」筑摩書房
・ピアジェ／中垣啓「ピアジェに学ぶ認知発達の科学」北大路書房
・日高敏隆「世界を、こんなふうに見てごらん」集英社
・福田俊一／増井昌美「しぐさで子どもの心がわかる本」PHP
・マーチン・L ホフマン「共感と道徳性の発達心理学」川島書店
・三池輝久「子どもの夜ふかし脳への脅威」集英社
・村中直人「なぜ叱ってしまうのか」朝日新聞 2022.9.16
・森口佑介「おさなごころを科学する」新曜社
・森口佑介「子どもの発達格差」PHP 新書
・山極寿一／小原克博「人類の起源、宗教の誕生」平凡社
・山口創「子供の『脳』は肌にある」光文社
・ユクスキュル「生物から見た世界」岩波書店
・横田南嶺「十牛図に学ぶ」致知出版社

（その他、参考文献・資料、省略）

(著者プロフィール)

成沢　真介（なりさわ・しんすけ）

文筆家。自称「河童先生」。岡山商科大学非常勤講師。特別支援学級や特別支援学校などの現場で長年療育に関わる。日本児童文学者協会にて丘修三氏より児童文学を学ぶ。「ADHD おっちょこちょいのハリー」（台湾版も出版）、「ジヘーショーのバナやん」（少年写真新聞社）、「自閉症・ADHD の友だち」（第7回福田清人賞候補作、文研出版）、「自閉症児さとしの一日」（大月書店）など絵本や児童書の他、「グレーゾーンの歩き方」（風鳴舎）「先生、ぼくら、しょうがいじなん？」（現代書館）、「虹の生徒たち」（講談社）など著書多数。文部科学大臣表彰、日本支援教育実践学会研究奨励賞、兵庫教育大学奨励賞を受賞。本書は「生きづらさを抱えた子の本当の発達支援～コミュニケーションと自己コントロール編～」（風鳴舎）の続編になる。

装　　丁：渡邊民人（TYPE FACE）
Ｄ　Ｔ　Ｐ：okumura printing
イラスト：和泉りきょう
校　　正：平川麻希
販売促進：黒岩靖基、恒川芳久、吉岡なみ子

生きづらさを抱えた子の本当の発達支援　認知を育むあそび編

2023 年 5 月 25 日　初版第 1 刷発行

著　者　　成沢真介
発行者　　青田　恵
発行所　　株式会社風鳴舎
　　　　　〒 170-0005　豊島区南大塚 2-38-1 MID POINT 6F
　　　　　電話　03-5963-5266 ／ FAX03-5963-5267
印刷・製本　奥村印刷株式会社

・本書は著作権法上の保護を受けています。本書の一部または全部について、発行会社である株式会社風鳴
　舎から文書による許可を得ずに、いかなる方法においても無断で複写、複製することは禁じられています。
・本書へのお問い合わせについては上記発行所まで郵送もしくは風鳴舎 HP お問合せメールにて承ります。乱
　丁・落丁はお取り替えいたします。

©2023 Shinsuke Narisawa
ISBN978-4-907537-45-6 C0037
Printed in Japan